裸でも生きる2

山口絵理子

講談社+α文庫
プラスアルファ

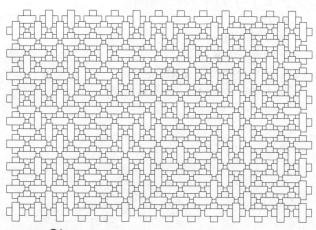

Keep Walking 私は歩き続ける

裸でも生きる 2

目次

第2章

バングラデシュ、試練をバネにして

第3章

チームマザーハウスの仲間たち

第4章

そして第2の国
ネパールへ

第5章

ネパール、絶望と再生の果てに

目次・章とびらデザイン――――川上成夫

プロローグ　それがすべての始まりだった

私は、株式会社マザーハウスという会社の代表取締役兼デザイナーをしている。2006年3月、24歳の時、

「途上国から世界に通用するブランドをつくる」

という理念のもと会社を設立し、現在バングラデシュという「アジア最貧国」の自前工場で、レディース＆メンズのバッグを生産し販売。さらに、日本において直営店を6店舗（2009年9月現在）展開し、バッグの販売を行っている。

しかし、もともと起業するつもりなんて、まったくなかった。むしろ、以前の私は、どこかビジネスの世界を毛嫌いしているところがあった。

というのも、私は小学校の頃、ひどいいじめに遭い、学校に行くのが少し困難な時代があった。当時は、子どもながらに、

「学校はもっと楽しいもののはずだ。将来は教育という分野で何かしたいなぁ」

と思っていた。

しかし、中学校に入ると、いじめられていた反動で今度は非行にはしり、その延長線上で強くなりたいという衝動が芽生えて、「柔道」というスポーツにのめり込むようになった。

高校進学にあたっては、さらにもっと強くなりたいと、地元埼玉で「男子柔道」の超名門、大宮工業高校を選び、初めての女子柔道部員となった。365日柔道だらけの日々は辛かったが、ケガを乗り越え、高校3年生の時には全日本ジュニアオリンピックで7位入賞を果たすことができた。

そして、それを最後に柔道を辞め、「もう少し勉強がしてみたい」と自分なりに頑張って受験勉強を始めた。

偏差値40ほどの工業高校で、毎日ジャージ姿で過ごしていたため、一体どこの大学がいいのか分からなかったが、3ヵ月の猛勉強のかいあって慶應義塾大学の総合政策学部に入学することができた。

大学に入ると、みんなめちゃくちゃ頭がいいのにびっくりした。コンプレックスだらけの中、授業についていくのがやっとの私。

しかし、机に向かって勉強するという経験はそれだけで新鮮だったし、同時に学問の世界にも惹かれていった。そんな中、「教育」に対する想いを改めて再確認しながら、大学2年生の授業で「開発経済学」という学問と出会った。

それまでの私は、「日本」のことしか頭になかった。

しかし、「教育」が本当に必要とされているのは、実は日本ではなく貧しい国々であり、学校に行きたいけれど行けない子どもたちが、世界にはたくさんいるんだと初めて知ったのだった。

それから経済の発展理論や貿易理論、難しそうな文献を読みながら、そうした国々のために働きたいと思うようになった。

そんな大学4年生のある日、大学の先輩が、

「こんなものがあるから、受けてみなよ」

と教えてくれたのが、アメリカにある「米州開発銀行（ＩＤＢ）」のインターン募集だった。

「米州開発銀行、ワシントン……」

当時は英語すらまともにできなかったし、主に大学院生を対象にしていたものだったが、私には失うものなんて何もない。〝だめもと〟でチャレンジしたところ、4回の面接を経て、運良く合格してしまったのだ。

2003年の夏。

初めてのアメリカ・ワシントンに渡った。

「うわぁ。これが米州開発銀行かぁ！」

多くの国の国旗がゆらゆら揺れる、天井の高いゴージャスなビル。絨毯はふかふかで、上の階に上れば上るほど、壁に著名な画家の描いた油絵が至るところに飾られていた。

「すごいすごいすごーい！」

興奮気味に私は、予算戦略本部という部署で、初日の勤務を始めた。

まわりには、5ヵ国語くらい話せる優秀な人たちしかいない。みんな必ず修士号は持っているし、ダブルで博士号を持っている人たちもいた。

圧倒されっぱなしの日々だった。私にとってはエクセルの数字を入力する作業さえうれしくて、ワクワクしたのを昨日のことのように覚えている。

けれど、仕事に慣れていくにつれ、一つの疑問が芽生えた。

「こんなに大きな額の途上国への援助が、本当に求める人たちの手に届いているのだろうか。届いているとしたら、どれくらいの人を幸せにしているんだろう?」

素朴な疑問だが、私には大事な疑問だった。

そして、誰に聞いてもなかなか分からなかったのだ。国際機関の人たちは、自ら現場に行って現地の人の声を聞く作業よりは、本部にいて政策を作るのが仕事だと認識していた。

「現場に行ってないのに、どうしていい政策が作れるんだろう」

疑問は時が経って解消するどころか、日に日にむくむく大きくなっていった。そして、同時にあることにも気づいた。

「私だって途上国に行ったことがないくせに、こんなところにいるじゃない。自分の目で見てみなきゃいけないんだ。

今の私に必要なのは、ここで書類を作ることじゃない。うん。見なきゃいけない!

でも、どこに行けばいいのかなあ」

どうせ行くなら、アジアで一番貧しい国に行ってみたい。

そこで、インターネットで「アジア　最貧国」と検索をかけてみると、「バングラデシュ」という名前が出てきた。いかにも「途上国っぽい」イメージの写真からは、その国の音も匂いも人々も、まったく想像できない。それでも私はチケットをとって、現地に行くことにしたのだ。

そして、降り立ったバングラデシュ。

首都ダッカのジア空港で感じた臭いは、それまでの人生で嗅いだことのないものだった。ゲートの前にいた人々も、それまでの人生で見てきたのとは、まったく異なる人たちだった。私がゲートを出ると、4、5人が一気に押し寄せ、子どもが服を引っぱりながら、

「お金ちょうだい！」

という。

「あの援助はどこに行ったんだ？」

これがすべての始まりだった。

現場をもっと知らなきゃいけないという使命感のもと、バングラデシュのBRAC大学大学院に初めての外国人学生として入学し、2004年から2年間、バングラデシュで一人暮らしをした。

そうして実際にバングラデシュで暮らしてみると、やはり援助が一部の政治家のポケットに入り、求める人たちにはほとんど届いていない現実を知った。

日々繰り返されるストライキも、一部の人たちの利権争いのために行われ、テロ事件では、罪のない人々を自分の利権のためにテロに参加させる。私は犠牲者を生む政治家を心の底から憎んだ。

洪水では、何千人もの命が、水とともに流された。

賄賂《わいろ》は日常茶飯事。私は一市民として政治に振りまわされるうちに、現場を見てから国際機関に戻ろうという気持ちを失っていった。

「じゃあ、私が進むべき道とはいったいなんだろう」

そんな疑問を自分自身にぶつけるようになった。

「どうしたらいいんだろう」

毎日毎日それればかり考えていた。そして、頭がおかしくなりそうなくらいに悩みながらふと、腐った政治がある一方で、民間の経済活動はどのように行われているんだろう、と思った。

そこで、現地の日系企業の事務所にインターンとして入ることにした。

そこで出会った所長からは本当に多くのことを教えてもらった。

バングラデシュという国は、主に「ジュート」（麻の一種）を世界中に輸出していた。ジュートは、バングラデシュが世界の輸出量の90パーセントを占める天然繊維。さらに光合成の過程で綿などの5倍から6倍の二酸化炭素を吸収し、廃棄しても完全に土に還るなど、非常に環境に優しい素材であるという。

ある日、所長に「この国から何が輸出できるか、商材を見つけてこい」と言われ、ある見本市で、現在私の会社でバッグの素材として使用している、このジュートと出会ったのだった。

私は現地語を話しながら、工員たちと一緒に働くようになった。

途上国の工場は、私たち先進国の人には想像するのが難しいくらい過酷な環境だった。トイレは、行きたくてもゼッタイ行きたくないと思うくらい汚く、ドアにもちゃんと鍵がかからない。女子トイレと男子トイレも分かれていない。

ものすごい猛暑だが、冷房なんてもちろんなく、古い機械が発する大きな音に囲まれ、工員たちはうつむいて一言も話さず、コーヒー豆を入れる袋のようなものを作っている。

時々来るバイヤーは、工場内を我が物顔で歩き回っては、すぐに去っていく。

非人間的な「大量生産」工場を絵に描いたような工場だった。

工場長は、毎日コンテナいっぱいに輸出しているんだと豪語していたが、その中身といえば、「原料」に限りなく近いだけの工業資材としてのジュートだった。

しかし、この工場で私が目にしたのは悪いものばかりではなかった。同じテーブルで時間を過ごすうちに思った。

「この人たちは、1セントでも安く、1日でも早く輸出することに全力を注いでいる。〝中国の何分の一の値段でできるんだ?〟というバイヤーの非情な求めに応じながら。

けれど、この人たちが作れるモノって、本当にこれが限界なんだろうか。チャンスさえあれば、もっとできる。もっと大きな可能性があるんじゃないか」

バングラデシュの首都ダッカ。リキシャが行き交う

バングラデシュ商品の素材となるジュート（束ねてあるもの）

ホコリと騒音にまみれた工場の一室で、そんな大きな可能性を感じ、希望の光を見たのだった。
もちろんまわりには、ベンガル人の工員しかいない。それは自分の胸の中だけにはじけた、夢の種のような感覚だった。

「これが、私が探していた私の使命なんだ。

そして、本当の意味で国際競争力のあるものを途上国から世界に展開することができれば、経済の構造はきっと変わっていくはずだ。それは持続的で、援助よりも多くの笑顔を実現できるはずだ」

そう確信した。

同時に、いわゆる一部のフェアトレード商品(立場の弱い途上国の自立を支援するため、公正な賃金や労働条件を保証して生産される商品)というものが発する、「かわいそうだから買って」というメッセージには、私は共感できなかった。

かわいそうでもなんでもない。チャンスさえ与えないままに、彼らのポジションを

「かわいそう」と逆に規定してしまうようなマーケティングのどこがフェアなのか私には分からなかった。また、他者からの援助や寄付を主な財源にしたNGOの活動には、サステナビリティ（持続可能性）など担保されないのではないか、とも思った。

このような経緯で、私は24歳の時に「株式会社マザーハウス」を立ち上げて世界に通用するブランドを途上国からつくろうと起業を決意した。

そして、2006年3月9日、日本において正式に登記申請をした。

それから1年半。

会社は何度も倒れそうになりながらも、夢の第1号店をオープンするまでになったのだ。

2007年に出版した『裸でも生きる』に続き、今回の第2弾のタイトルも『裸でも生きる』にした理由は、私なりにこだわりがあるからだ。

バングラデシュで見てきた現実の中で、自分の人生に最も影響を与えたものは、明日に向かって必死に生きる人たちの姿だった。

ただただ生きるために、生きていた。

そんな姿を毎日見ていたら、バングラデシュの人が自分に問いかけているような気がした。

「君はなんでそんなに幸せな環境にいるのに、やりたいことをやらないんだ？」と。

他人にどう言われようが、他人にどう見られ評価されようが、たとえ裸になってでも自分が信じた道を歩く。

それが、バングラデシュのみんなが教えてくれたことに対する私なりの答えだった。

Keep Walking

第１章

情熱の先にあるもの

直営第1号店オープン

《2007年8月21日。東京都台東区入谷《いりや》にて直営店1号店オープン》

こんな見出しがウェブサイトを飾った。

大きすぎる目標を掲げて走り出した小さな私と仲間たち。

そして、「Made in Bangladesh」（メイド・イン・バングラデシュ）というラベルが貼られたバッグたちは、1年を経て、直営店に並べられることになった。

バッグの路面店というと、表参道、自由が丘などハイブランドが建ち並ぶ場所を想像するかもしれないが、私たちのお店は、上野から地下鉄の日比谷線で一駅先の「入谷」という下町にできた。

しかも、入谷の中でも大通りから1本入った、お客様には何とも不親切な場所。もともと倉庫だったところを改造して作った。

なぜ入谷なの？　と聞かれると、答えは明確。

それは「途上国からブランドをつくる」という他社とはまったく違う強い哲学があるマザーハウスにとって、他のブランドと同じ場所に出店することに意味を感じなかったこと。それから、設立資金などを自分たちでやりくりしているため、現実的に大きな財務的な制約があったこと、最後に入谷が持つ下町らしい人情味あふれた地域の人々のやり取りが、私にはバングラデシュと重なって映り、そんな温かく意味のある場所に最初のお店を作りたいと思ったからだ。

店舗それ自体もすべて自分たちの手で作り、その素材も地元で調達した。すべてが木材で作られ、木のいい香りがする。

そして、店舗の奥には、リアルな「マザーハウス」=小さな家が建てられている。赤い屋根は、社会を変えていこうという情熱を示すマザーハウスのブランドカラーだ。

「いらっしゃいませ！」

オープン当日の朝、たくさんの卸先や関係者の方から、店舗に開店祝いの大きな花が次々と届けられた。

普段は小学校に行く子どもか、腰に手を当てたおじいちゃんくらいしか通らない道が、異様な雰囲気で包まれていた。

この辺鄙《へんぴ》な場所に、地図を片手にたくさんのお客様が来店してくれた。

「わー、素敵なお店!!」

「こんな場所に作っちゃうなんてマザーハウスらしいなぁ」

「ついに、夢が叶ったねぇ!」

ずっとブログやウェブサイトで応援してくれていた人たちから、そんな温かい言葉をもらった。一言一言をバングラデシュのみんなに伝えたいと思った。

しかし、実際に店舗に立っていた私には、オープンを喜ぶ余裕なんてなかったのが現実だった。

初めての店舗ということで、この日は多くのハプニングもあった。プレスリリースやウェブサイト、ブログなどでの告知の効果もあり、開店早々人は絶えなかったのだが、私たちスタッフは慣れないレジや商品の包装、接客の言葉遣いなどで冷や汗続きだった。私は、お客様へのスタッフの対応のいい加減さに何度も激怒し、在庫がスムーズに倉庫から流れてこなかったことや、クレジットカード会社の申請がまだ下りておらず、手書き伝票でカード決済する手間をお客様に取らせてしまったことなど、裏にはたくさんの失敗や反省点があった。

この日、まだ新人だったスタッフが、商品を配送する際の代金引換の手続きでミスをした。

「これが会社の信用にどれだけ関わることなのか認識してるの！」

「申し訳ありませんでした」

と涙を流していた。

前日はオープン準備のため、当然一睡もしていない。

たくさんのトラブルが続き、社長としてオープンをいかに仕切るか、そして、初日の売上がどうなるかに胃を痛くし、無事に大きなミスなく閉店に持ち込めるのか、それだけに全神経を集中させていた。

死にそうになりながらレジの〝締め作業〟を行っていると、突然、電気が消えた。

「♪ハッピーバースデー、トゥーユー」

そう。すっかり忘れていたが、この日、8月21日は、私の26歳の誕生日でもあったのだ。

スタッフの歌声とともにケーキが近づいてくる。

「おめでとうございます！」

スタッフは、当時すでに10人強になっていただろうか。全員からのサプライズだった。さらにスタッフが渡してくれたのは、バングラデシュ提携工場の工員みんながサインした1枚の革だった。そこには、「Keep Smiling」と工場長のソエルさんの字で書かれていた。

ソエルさんとは、私が起業してしばらくの頃、提携工場に裏切られ、窮地に立たされていた時に出会った。バングラデシュの最高のパタンナー（デザイナーのデザインした型に合わせて型紙を引く人）と呼ばれる人だ。

当時生産現場を失った私は、彼の技術と工場によって救われた。そして、ソエルさんと一緒に発表した新作のコレクションは、卸先やメディアから注目を受け、ピンチを好機に変えてくれた人物だった。しかし、自分にも工員にも、とても厳しい職人気質の彼とは、モノ作りの過程で何度も何度もケンカしてきた。

彼が送ってくれた「Keep Smiling」の一言。そして、ソエルさんと一緒に開発したバングラデシュの牛革。

抑えていたものが噴出したように、涙が後から後からあふれてきた。

「ありがとう……」


夢だった自分のお店。

起業しようと夢を抱いていたあの頃。

2005年、私は、バングラデシュのぼろぼろのアパートで、一人スケッチブックに「将来はお店を持ちたい」と書いた。

当時の私にとって、それは本当に〝夢〟だった。知識もノウハウも技術もないのに起業し、何百人、何千人の人たちから、

「絶対に無理だ」

「やめておけ」

「成功するわけがない」

と馬鹿にされ、夢を語れば批判される日々を歩んできた。

ある日、経営者が集まったパーティーで、数人の前でマザーハウスの夢を「現実性

がない」「計画性がない」と罵倒され、私は言い返すこともできずに、ただただ悔しくて、帰り道の電車の中で泣いてしまったこともあった。

そのたびに悔しさをバネにしなきゃいけないんだ、と自分自身を奮い立たせた。起業してからの1年間は、自宅をオフィスにして、バングラデシュでモノを作り、それを輸出し、日本に帰って成田で通関をし、トラックで運び、家で検品をし、ウェブサイトを作り、卸先をまわり、経費のレシートを貼り付け、という寝る暇もない日々を過ごしていた。

スケッチブックに書いた「自分のお店を持つ」という夢を果てしなく遠くに感じていた。

夢がただの夢に思えていた頃を思い出しながら、今は本当に素晴らしいスタッフみんなが作ってくれたお店に、「Made in Bangladesh」と焼印されたバッグが並んでいる。

小さなお店で、場所も入谷という本当に下町。

けれども、あるお客さんが言った。

「あったかいねぇ。なんだか」

私もそう思う。「温かいお店」だと思う。それはなぜなのか、オープン日の帰り道にふと考えていた。実際にこのお店がたくさんの人の愛情ででき、また支えられているからだと思った。

あきらめた時点で、夢は夢で終わってしまうんだと、そんな単純な真理が心から理解できた。

歩き続ける限りにおいて、夢が現実になる可能性はたとえ0・0001パーセントでも生きている。その可能性を信じ、歩みを止めないことが、夢を見つける以上にどれほど困難で、どれほど尊いものであるだろうか。

私自身は、その歩みを一人で続けられるほど強くはない。

事実、何度も「やめたい」と思ったこともあった。けれども、そのたびに0・0001パーセントの可能性を示してくれたのは、私の夢に自分の夢を重ねるようにして、徹夜続きでも「絶対マザーハウスを成功させましょうね！」と笑うスタッフのみんな、ソエルさんをはじめ、憧れの国・日本のお客様のために自分たちのベストを見せなきゃいけないと、心を込めて商品を作ってくれるバングラデシュのみんな、マザーハウスの歩みを見守り支えてくれたお客様とすべての人たちだった。

この日から、マザーハウスはブランドとして新しい一歩を踏み出すことになった。

自社の店舗を持つことの意味の大きさを、肌で感じ始めていた。

それは、ただ単に感情的な喜びだけではない。

お客様の声を直接聞けることは、私たちにとってかけがえのない財産なんだということに気がついた。

日々、お店に立つと聞こえてくる、

「こんなのがあったらいい」

「ここがこうなっていたらうれしい」

そんなお客様の声を私たちは生産地バングラデシュに、その日のうちに届けることができる。

これはセレクトショップや、生産工場を持たない小売業者ではできないことだ。

「SPA」(製造小売業)と呼ばれる製造から小売まで一貫して行う体制が、マザーハウスの最大の強みとなった。本来、SPA体制は、巨大な資本金を必要とするが、そこを中間業者を通さずに自前で行うことで、コストを最小限にとどめることにも役立っている。

まだ店舗を持てなかった頃だって、お客様の声に応える姿勢はあった。しかし、その声が取引先の小売店から伝えられるのと、目の前のお客様から発せられるのとはわけが違う。お客様の顔が見える。それが店舗を構える最大の価値であると学んだ。

そして、もう一つ。お店を作ることは、私たちだけでやり遂げたことではない。ずっと応援してくださっているお客様と一緒になって達成したのだ。

店舗がオープンするとさっそく来てくださったお客様が、

「やっとできましたね!」

「ついにお店かぁ!」

と自分のことのように喜んでくれた。

それは店舗を持つまでの、いわゆる泥臭い裏話をインターネットなどを通じて、逐一公開しつづけてきたからこそ、お客様も私たちと同じような達成感を共有してくれたんだと思う。

お客様と一緒に育つブランド。従来の一方向・発信型のブランドとは異なる新しいブランド像を、この店舗とともに育てていきたいと心に誓ったのだ。

『裸でも生きる』

第1号店オープンの翌月9月。

私は講談社から著書『裸でも生きる』を出版した。これは自分自身のこれまでの生い立ちを書いた、自伝みたいなものだった。

最初に本の話をいただいたのは、起業してまだ2ヵ月の頃だった。

とある講演会で私の話を聴いてくれた編集者の依田《よだ》則子さんが、そのあと「本を書きませんか?」と言ってくれたのだ。最初はそれがあまりしっくりこなくて、自分なんかの人生を書いて何になるんだ? と思い、ずっと時間がたっていた。

しかし、何度か依田さんと会うたびに、

「山口さんの体験は、読者にきっと勇気を与えてくれると思うんです」

と私を励ましてくれた。ようやく書いてみる気になったのは、原稿の締め切り日直前だったと思う。

自分のことなので思い出そうとすれば、すぐに書けた。

しかし、書くたびに何とも言えない複雑な気持ちになった。自分の過去をさらけ出し、その中で犯した過ちも正直に書くことに、本当に抵抗感があった。本を読んだ人が、私の過去を知ってしまうことに対する恐怖心もあった。

もともと、自分が本を出すなんて夢にも思ったことがない人生を歩いてきた。だからこそ、文章は書けるが、ある種の恐怖心が常にあった。

しかし、出版をやめなかった理由は一つ。この本をきっかけに、バングラデシュのことを一人でも多くの人が知ってくれたらいい。最終的には、会社にとってもプラスになると思ったからだった。

そして、いざ出版。本は順調に増刷を重ね、読んでくれた人たちがお店に訪れ、私が店舗に立っていると、

「山口さんですか？　本を読みました！　感動しました！」

と言ってくれる。

最初とてもびっくりした。

怖くてアマゾンのレビューなども見ていなかったし、実際に読んだ人がお店に来てくれるなんて信じられなかったのだ。

中には、私と会って涙を流してくれる人までいた。

私の人生を書いた本が何になるんだと、最初は半信半疑だったが、自分には想像もできなかったいい影響が、少しでも読者の方にはあったのかなと思えるようになった。

ある時、一通の手紙をもらった。病気で入院中に、友人から私の本をもらって読み、「生きる元気が湧きました」ときれいな文字で書かれていた。人の人生に影響を与えられるなどまったく想像をしていなかった。

そして失敗談だらけの内容でも素直に書いてよかったと心から思えた瞬間だった。

それから講演会が増え、メディアへの露出も多くなった。また、外国人記者クラブで史上最年少の記者会見にのぞんだこともあった。

それがピークに達したのが、２００８年3月16日。毎日放送の人気番組「情熱大陸」が放送された日だ。

外国人記者クラブにて史上最年少（26歳）で記者会見にのぞんだ

「情熱大陸」

「情熱大陸、決まりました！」

本を担当してくれた編集者の依田さんからの電話だった。

そのとき私は、表参道のアパレルショップにいた。店内で電話をもらったのだが、あまりの驚きのため、静かなお店から大急ぎで飛び出したのを覚えている。

毎日放送の「情熱大陸」は、さまざまな分野の第一線で活躍する人にスポットを当て、その素顔に密着するドキュメンタリー番組である。

「情熱大陸だって！　情熱大陸！」

「あの、あの、ハカセ（葉加瀬）太郎の音楽のでしょう！」

事務所も大騒ぎだ。

私は、喜びと不思議な感覚が半分ずつくらいに入り混じった気持ちだった。それと正直、「何が起こるんだろう」という漠然とした不安感があった。

実際に年が明けた2月に、カメラマンとディレクターが撮影のためバングラデシュにやってきた。

彼らを空港に迎えに行く車の中で、私があまりの緊張と不安で無口になっていたため、現地を統括してくれているディレクターのアティフが、

「大丈夫だよ、何を撮られたって、マザーハウスはマザーハウスなんだから」

と言ってくれたのをとてもよく覚えている。

しかし、そんな彼の言葉を裏切るように、カメラの前でまったく自然になれない自分がいた。

朝起きて自分の部屋のドアを開けると、もうそこに大きなカメラがあり、それはトイレに行く時間を除き、夜寝る直前までついて回る。それがどれほど精神的に辛いことだったか。

私はテレビに映るような人生を歩んできたわけでもなければ、それが単純にうれしいと思える人間でもない。トイレに行っては泣きそうになりながら、トイレを出てはすぐにマイクをつける。そんな日々が続いた。

副社長の山崎大祐《だいすけ》にメールで、「もう本当に辛いんだ」と弱音を吐いたりした。

さらに、番組のディレクターから場面場面でさまざまな質問がなされるのだが、そ

れにまったくうまく答えられなかった。なぜならそのカメラの先には日本の人口×視聴率の人たちがいると思うと、どんな言葉を発したらいいのか、頭が真っ白になってしまうのだ。

商品のデザインに集中したい、工場でトラブルが起きた、そんな中でもカメラはついて回る。朝起きるのが嫌だなと思っていた。

しかし、そんな私を変えてくれたのはアティフだった。

ある日、テレビの人たちの車とともに郊外に出かけた。その途中昼食があり、もちろんそこでもカメラは回っていたのだが、私がお手洗いから出てくると彼が私のところにニヤニヤしながらやってきて一言いった。

「Where is your tail?（しっぽはつけた？）」

それはポケットに差すマイクのことだった。

私は大笑いしてしまった。そして、何だか不思議と肩の力が抜けて、しっぽだと思えばいいんだなぁなんて思った。

気がつけば、私以上に緊張していた工員のサレハという女性も、いつのまにかカメラの前では頑張ってきちんと言葉を発するようになっていた。私がびくびくしていてはいけないんだとみんなに教えられ、少しずつ思ったことを素直に口にできるようになっていった。

そしてもう一つ、そんな私を変えたのは、当の番組のディレクターだった。ひたすら空気のようにそばにいる彼がときどき発する、本質をつく質問に私は圧倒された。

「あなたにとって理想的なバッグとは何ですか」

という質問があった。私は今でもその答えが分からない。

これまで多くの講演をしてきたが、答えられない質問はなかった。短期間でその質問をしてくれたことに、私は最大限の敬意を払いたいという気持ちにさせられた。そうしなければいけないと思った。ディレクターに対する気持ちが尊敬に変わっていく中で、私は私自身でいられるようになっていった。

そして、最後の最後に私の背中を押してくれたのは山崎からのメールだった。

「言いたいことを言ったらいいんだよ。

背伸びをする必要もないし、みんなが知りたいのは本当の山口の姿でしょう。だったら、思ったことを伝えたらそれでいいんだ」

ようやく長かった撮影も終わり、日本に帰って放送前の映像を見せてもらった時、

「やっぱりこの人（ディレクター）はすごい」

と心から思った。

何十時間も回したテープを、わずか25分間に編集する。その25分の中で、しっかりと視聴者にメッセージ、それも真実に限りなく近いものが伝わる内容にする。業界は違えど、プロの仕事を生で見られた経験は、放送うんぬんではなく、とても貴重なものだった。

そんな映像がテレビで流れたのは2008年3月16日。

放送当日も、遅くまでみんな事務所で仕事をしていたため、つい放送時間ぎりぎりになってしまった。それで、事務所の近くに住んでいるスタッフの家に、みんないっせいに自転車でダッシュした。

「始まっちゃうよ！」

そこに番組のナレーションの声。

「今夜は、バッグデザイナー、山口絵理子さんです」

うわうわうわ！

私だ!!

みんなテレビに釘づけだった。そして、あっという間に放送が終わり、スタッフが何気なく、

「ウェブサイトのオーダーとか入ってるかなあ」

といってウェブサイトを見てみると、

「サーバーダウンしてる!」

「げ!　まじ!?」

「なんで増強しておかないんだよ!」

「どうするんだよ!」

「テレビ見た人、みんなウェブ見てるんだよ!」

「そんなこと分かってるよ!　いつ復旧するんだよ!」

復旧作業はそう簡単にできるはずもなく、急遽、仮ページを1枚はさんで、パンク状態を回避したと思ったら、そっちもパンク。今度は仮ページをはずして本ページに直接アクセスさせたりと、ネットを見てくれる人とIT担当者とのいたちごっこ状態で、ついに2日間もたってしまった。

卸先の在庫はあっというまに完売し、その一方で、肝心のサーバーはダウンしたまま、という何とも間抜けな失敗をしたのだった。

そして翌日、非常に複雑な気持ちで店舗に向かうと、そこには長蛇の列が！

「うわー」

小さな店舗にひしめき合うように人がいて、私自身が入るのにも苦戦した。

レジに向かってひそかに「精算ボタン」を押すと、ものすごい来客数になっている。桁が違うんじゃないかと目を疑った。次から次にまだかまだかとお客様が来て、もう何が何だか分からない。

すぐに商品が売り切れになる。そして、値札のタグの上に、「予約承ります」というシールが貼られる。

「いつ入荷なんですか？」

「3ヵ月待ちです」

そんな問答が何度もやり取りされた。

うれしい悲鳴が一気に逆転した。

「工場の生産キャパは？」

「そんな急には引き上げられない。品質を保たないといけないし」

「それじゃあ、このまま予約を続けろっていうのか！」

店舗を守るスタッフが、商品在庫が底をつく中で厳しい戦いをしてくれていた。その様子を見ると、本当に心が痛む思いではあったが、私も山崎も「生産数を急激に増加することはしない」という意見を同じくしていた。

品質を重要視したかったからだ。待っていただけないのは仕方がない。苦渋の選択だった。

倉庫はほぼ空になり、せっかく九州や北海道から来てくれたお客様に商品をお渡しできないのは辛かった。

さらに、パンクしたのはサーバーだけではなかった。これまでシステム化されてきたと思っていたオペレーションも、もはやぐちゃぐちゃで、担当も何もあったもんじゃない。手があいた人が、ウェブでオーダーを受けたおびただしい数のバッグを配送する作業にまわった。事務所のスタッフも、ほぼ毎日店頭に立った。

予約のオペレーションが完成すると、注文を受け、何月何日に入荷するかがウェブサイト上で見られるようになった。

みんな肉体的にも精神的にも悲鳴を上げていた。深夜2時、3時の帰宅なんて当たり前だった。

フラフラになりながら入谷からタクシーを拾うスタッフたち。

ここで初めてテレビの影響力を思い知った。「伝える」ということを考えた場合、いくらITが発達してもテレビにはまだまだ勝てない。それと映像の強さは圧倒的だった。

メディアとファッション業界は、本当に切っても切れない関係にある。パリコレに出るデザイナーでさえ、ファッション誌の酷評にびくびくしているくらいなのだ。ファッションとは、メディアの浮き沈みに振り回される産業だと誰かが言ったが、まったくその通りだと思った。

しかし一方では、メディアはうまく活用できれば、ものすごい力を秘めているツールであるともいえる。それはもちろん、真実を忠実に伝えるものに厳選すべきだが、伝えたいメッセージがあるなら、付き合い方を学ばなきゃいけない。

テレビの反響から、オペレーションの見直しが行われ、そして、これまでの何倍も新規のお客様が増えたことは、本当に「情熱大陸」のおかげだったと思っている。

また一歩、進んだように思えた。

自分との葛藤

「情熱大陸」の後、店頭に立つたびに、お客様から、

「山口さんですか？　写真撮っていいですか？」

と言われることが多くなった。サインもこれまで数え切れないほどしてきた。

経営者としてだけではない。個人としても、本を出版した時以上に複雑な思いを経験した。

「私はそんなすごい人間じゃない」

みんながそれぞれ「山口絵理子」のイメージを持っていて、それらはほとんど本やテレビから形成された、非常に勇敢で、非常に強く、たくましい女性なのだった。

「将来は政治家とか、ならないんですか？」

「山口さんには、絶対に学校の教師になってもらいたい」

「大学の非常勤講師やりませんか」

「将来はノーベル平和賞ですね」

私は、そんなにすごくもないし、そんなに強くもない。私はただただやりたいことをやっているだけなんだ。いいものを途上国から作りたいと思って、バッグを作っているだけなんだ。

そんなふうに言わないでほしい。泣き虫で弱くて、普通なんだ。

手紙やメールも、半端じゃない数だった。街でいきなり「山口さんですか？」と聞かれるようになった。

こんなはずじゃないのに……。

ものすごい葛藤があり、それは今まで経験したことがない類《たぐい》のものだった。そして、徐々に「山口絵理子」と「マザーハウス」が私とはまったく別のものとなって動いているような感覚を抱いたのだった。

本来バングラデシュに希望の光を灯すことが私の夢なのに、何かがずれてしまっている。ある日、事務所でその悩みを重要なスタッフにだけ打ち明けていた時、涙がこぼれてしまった。

「私が表に出ることが、本当にいいことなのか分からない」

私個人が表に出れば出るほど、「バングラデシュ」や「バッグ」というキーワードが後ろに隠れてしまう気がした。

だんだん私自身がブランドの成長を阻害しているのではないかと思うようになった。取材を受ければ受けるほど、「創業ストーリー」などが注目され、そこには「戦う女性、山口絵理子」がいて、みんなが注目するのはバングラデシュで作ったバッグではなく、その戦う女性像だった。

そんな自分の像は「マザーハウス」というブランドの邪魔者として自分には映ってしまい、嫌悪感が増していった。

ある時、「サンデープロジェクト」（テレビ朝日）のディレクターさんが訪れて、私に言った。

「君はもっと世に出るべきだ」

分からない。私は何もしていないんだ。

それからは随分と他人と話すのが怖い時期が続いた。一人でいたいんだ。できれば誰とも話したくない。

私は、自分のことを本気で「普通だ」と思っている。

取材でもいつもそう答えている。しかし、結果的に、自分が普通だと思っていることを普通じゃないと思われ、ひたすらメディアが作り上げたもう一人の山口絵理子との乖離《かいり》は大きくなり、その山口絵理子と常に戦っているような気がしていたのだ。

こんな葛藤が、テレビの後、数ヵ月続き、取材や講演はなるべく断らざるをえない精神状態が続いた。

広報担当が頑張って取ってきてくれる取材。店舗を守るスタッフ、代わりに取材を受ける山崎の姿。

私は一体何をやっているんだろう。私は一体誰と戦っているんだろう。

私は、一体誰のために存在し、そして誰のために何を伝えるべきなんだろう。

そう考えた挙句、このように取材を拒否し、講演を断っていることは、結局未来に何も生まないのではと思うようになった。

むしろ、見極めなければならないのは、自分の使命であり、それは究極的には途上国の可能性をこの世界に広く伝えることなんだという原点だった。

たとえ副作用として、自分の存在が注目されたとしても、そのことで世の中の人がバングラデシュや途上国の可能性を知り、感じてくれるのであれば、私は言葉を発するべきなんじゃないのか。

多くの人たちが「バングラデシュ」という国がどこにあるかも知らない。ましてや、その国が秘めているたくさんの可能性も知ることができない。単に商品が売れるかどうかだけでなく、それまで知られていなかった途上国の現実を、もっとたくさんの人に知ってもらうためにこそ、私には言葉があるんだろう。

それが、逃げていた自分に対して、悩みながら出した答えだった。

そしてそんな自分を後押ししてくれたのは、

「これがバングラデシュで作られているの？」

という店舗で聞こえるお客様の驚きの言葉だったり、ブログに寄せられる数々の応援の言葉だった。

「可能性を、一人でも多くの人に知ってもらうこと」

恐怖心を取り除き、その先に自分の使命がきちんと見えた時、再び笑顔で取材に応えられるようになった。少し時間はかかってしまったが、前よりさらに自然体でいられるようになった自分がいた。

私の中でまた、静かな一歩の前進があった。

マザーハウス式店舗展開

「情熱大陸」と時を同じくして、戸越《とごし》と代官山に店舗をオープンした。

これで3店舗だ。

戸越も代官山も、私がバングラデシュにいる時に、副社長の山崎大祐を中心に物件を探し、店舗内装を考え、みんなで木材を切って釘を打ち、棚もテーブルもすべて作り上げたのだ。この2店舗は、本当にまるまる私が不在中に日本のチームによってできあがった。

帰国したら、まるで大工さんみたいに木材を切っている山崎、鉛筆を耳にかけているスタッフの迫俊亮《さこしゅんすけ》がいたりと、本当にみんなバイタリティにあふれている。まるで文化祭の前日のように見えるが、これがマザーハウス式の店舗展開だった。

出店コストは、通常であれば数千万円はする。プロのデザイナーに頼めば本当に高い。そこを私たちは自前でやっている。さらに木材も切るのだから、自前主義を貫徹しているわけだ。

その背景には、ただの〝肉体ど根性主義〟とは少し違った理由がある。

まず、現実的に出店コストを通常の5分の1程度におさえていること。次に、店を作るという、誰にとっても分かりやすく、強い達成感が得られるプロジェクトを通じて、スタッフ間に哲学の共有がなされるということ。そして最後に、前述した入谷店オープンで少し触れたが、出店計画、そして木材調達、のこぎりで棚を作るなど、すべての店舗出店のストーリーをオープンにすることで、従来の発信型のみのブランドのあり方から、お客様とそのプロセスを共有し、共に作り上げるというオリジナルなブランドのあり方を出店展開でも表現しようと考えた。

さらに、2009年には初の地方店を福岡（中央区大名《だいみょう》）に作ったのだが、開店準備期間に店長、副店長が東京の社宅に住み込み生活を共にすることで、「哲学」という目に見えないものとマザーハウスのDNAを学んでもらう仕組みを作った。

このようにベンチャーらしく、自らのやり方を手探りで模索し確立していきながら、4店舗を運営し、私たちが考えたある一つの仕組みを作ることにした。

それは「ソーシャルポイントカード」だった。

通常、買い物をするとよくポイントカードがついてくるが、それと仕組みは同じ。ただし、ポイントが貯まった場合、キャッシュバックのみでなく、その同額が、マザーハウスの行っている社会貢献事業にも寄付される仕組みだ。

マザーハウスの社会貢献事業

企業と社会貢献のあり方についてはさまざまな議論がなされているが、私が常日頃思っているのは、役割分担という考えだ。

発展途上国でも、社会という否が応でもピラミッドの構造がある。その中で最も層が厚く、そして社会変革の担い手になるべき労働者。彼らに働きかけるビジネスを私たちはしていると思っている。しかし、企業がそのボトムの人々の、かなり緊急性の高い問題について直接アクションできる主体でないのは確かである。

例えば物乞いの子どもたちを見ても、私には何をしてあげることもできない。そのたびに心が痛むのは確かであっても、私には今いる工場の工員の成長を願うことしかできないのだ。

しかし、だからといって、ボトムの人々の問題は誰かが解決してくれるという他力本願であっていいことを意味していない。少なくとも企業というものができる範囲のことを、できる限りにおいて、まっとうするのが社会的存在である企業の役割であると考えている。

マザーハウスの最初の社会貢献事業として、私たちはサイクロンの被災地支援を行った。

その災害は2007年11月15日に起こった。たまたまバングラデシュの自宅の窓から、

「大雨だなー、今日は」

と外を見ていると、徐々に風が強くなり、そのうちにガラスが割れる音がしたと思ったら、誰かの叫び声がして停電になった。

真っ暗の中、車のクラクションと人々の悲鳴がひっきりなしに聞こえた。ものすごい恐怖だった。そして、携帯で連絡を取ろうと思ったがつながらない。

停電は次の日も続き、その間、街にある電灯は傾き、電線は四方に飛び散って、近所の路面店には強盗が入った形跡がいくつもあった。

どうやらクルナという街がサイクロンの直撃を受けたようだった。私のいる首都ダッカから140キロほど南西にある都市だ。

「サイクロン」というのは、インド洋方面に発生する強い熱帯低気圧のこと。性質は日本にやってくる台風と似ているが、暴風や高潮、洪水などの災害で大惨事が発生することが少なくない。被災地の状況はかなり過酷なものであると知り、私は直接、現地に行ってみようと思い立った。

ダッカからバスやフェリーを乗り継いで6、7時間かかった。道路ともいえないような小道をひたすらバイクで進み、クルナに着いた。

被災地の状況を見て、思わず絶句した。

鉄骨を使わずにレンガとコンクリートと鉄筋だけで作られている家という家は全部崩れ、木々は根元から折れ曲がり、あるはずだった小道は水没したり瓦礫《がれき》でふさがれている。野原はUFOでも来たかのように一面に草がなぎ倒された状態で、人間の姿は見えない。

ようやく残っている建物を発見したと思ったら、そこが唯一人間が存在する場所だった。その村、そして隣の村などから、この施設に辿《たど》り着いた人々でごった返していた。そこを統括しているのがその村の村長で、配給などもここで行われていた。

施設に入っていくと、みんなから、

「ビデシェ、ビデシェ！（外国人、外国人）」

と叫ばれた。

聞くと私が初めて被災後に見た外国人だったらしい。暴風雨の翌日に被災地にいる外国人などいるわけもなく、また国際機関のトラックが走っていても、実際に現場には現地人しかいないという現実を自分の目で見た。

村長さんに話を聞いた。

「何が今一番必要ですか？」

「正直、援助物資、食べ物とかはまあまあ十分ではないが届いているんだ。ただ、お米を炊くお釜がないんだ。それに夜が寒くて凍えそうで、ブランケットが欲しいとみんなが言っている」

私にとってはそのどちらも衝撃だった。

お米があっても、それを炊くお釜がないなんて。そして、これだけ暑い国なのに、この地方は夜になると寒いんだ……。そうした生の言葉を聞き、改めて現地で自分の目と耳とでその状況を確かめることの大切さを知った。

日本からの寄付は国際機関が管理し、そこからお米や水をパッケージにして配給している。何トンのお米を提供しました！　などと声高に主張しているが、お米をどうやって炊くかなんてことまで考えないんだろう。米粒をもらっても仕方がないという現場の声は、現場にいないと聞けない。

ただこの施設にいられる人たちはまだましで、バイクでずっと先に進んでみるとテントのようなものが数軒並んでいるのを見た。私たちが到着すると、中からなんともみすぼらしい格好の少女が出てきて、家が吹っ飛んだという。そして、必死に私の服を引っ張っては、何かを食べたいとジェスチャーをする。

生き残っているのは子どもが多く、みんな母親が飛ばされた、どこにいったか分からないと無表情で話す。

天災。

バングラデシュを襲ったサイクロンの被災者に援助物資を届けた

どうにもならないことではあるが、被害をもっと最小限に食い止める手だてはなかったのか。

その日、サイクロンが来るという警報が発令されていたという。しかし、前日も同じような最高レベルの警報が発令されたにもかかわらず、サイクロンが来なかったために、住民たちは警報を信じずに、避難する人も少なかったという。

不利な地理的状況、情報の不確実性、未整備のインフラ・住まい、届かない現場の声と行き違うニーズ。

すべてが被害を大きくしていた。

私は、自分にできることをやるしかないと思った。

まずは一番近くの市街地に行って、300枚のブランケットと250個のお釜を購入し、2トンのトラックと5人のボランティア学生を連れて、翌日再び被災地に向かった。

トラックで行けるかぎりのところまで行った。そこから各テントに一つずつ、お釜とブランケットを渡していく。

直に一人ひとりに渡していたら、私の洋服が千切れそうなくらい引っ張られ、殴り合いの喧嘩が起き、実際にブランケットをよけいに2枚取ろうとした男性が集団リンチを受け、危険を感じたので、暴力沙汰にならないように、トラックの上から下に渡す感じで、5人で手分けして配り終えた。

身も心もひどい疲労感に充たされていた。

あのブランケットでこんな騒ぎになるなんて。自分がしたことは間違っていたのかもしれない……。

多くの出来事が頭を交錯した。

そして、生きるためなら何でもするんだろうと思うような、強く冷たい人間の眼差しを初めて見て、心がすくんだ。

私は一体何をしているんだ。

私は一体何をすべきなんだ。

自分自身が育った環境とギャップがありすぎて、何をしてもどこか空虚に思えた。

しかし一方で、国際機関のトラックがありながら外国人は一人もいない現場で、一企業の代表としてその場にいられたことの意味は、私にとっては大きかった。

国際機関や政府に現場の声が届かないことが、そもそも私が起業するきっかけであったが、ではその対案として自分が何をできたかというと、目の前のビジネスを回すことだけで精一杯だった。

しかしここに来て、これだけ小さな活動だとしても、私たちが現場に行き、現場の声を聞き、アクションできたことは、社会的存在である企業の果てしない可能性を改めて私に感じさせてくれた。

社会のために、今被害にあっている目の前の人を助けるために必要なのは、頭脳明晰な集団と莫大な金額ではなく、素早いアクションを起こす行動力と、現場の声を聞く姿勢と、心から燃え上がる使命感ではないか。

そして、数百枚のブランケットの持つ意味は、被災地では想像以上にとてつもなく大きかった。

私はこの小さな「ソーシャルポイントカード」を通じて壮大な実験を思い描いてい

社会貢献活動でストリートチルドレンにスクールバッグを提供

スクールバッグをプレゼントして喜ぶ子どもたちと一緒に

る。

それは「かわいい」と思ってバッグを買う普通の人間の消費活動の先に、地球の反対側に住む人々の笑顔を繫げること。

起業してからずっと、最も自然な形で「社会」という巨大な生き物の利益が、個人の利益や会社の利益といかにしてマッチするかをさまざまな場面で考え、実行している。

将来的にこの制度がどうなるかはまだ分からないが、その後もスクールバッグをストリートチルドレンに提供するなどの活動を通して、企業のあり方を模索している。

夢の百貨店

ある日、お客様から1通のメールをもらった。当時、マザーハウスの商品を卸していた百貨店へ行ったときの感想だった。

「百貨店に行って、受付でマザーハウスの商品はどこですか、と聞いたら分からない、と言われました。ようやく見つけましたが店員さんも商品についてうまく説明できていないように思いました」

という内容だった。

問題点は明らかで、彼らは私たち、そしてバングラデシュの作り手と思いや哲学を共有していない売り手であるということだ。

ディスプレイだって接客だって、こちらがコントロールするには限界がある。かといって、従来のメーカーさんたちが行っているように、毎日のようにぐるぐる卸先を営業スタッフが回って頭を下げ、商品陳列を直し、足りないものを補充するというやり方には賛同できず、だからこそ、卸先を厳選していきたいと思っていた矢先の出来事だった。

同時に、直営店で売ることのメリットが、単に利益率の高さだけではないことを日に日に痛感し、自分たちのまさにホーム（家）で、自分たちの接客ができることが本当に満足のいくサービスにつながるんだと知った。そして、ある時期を境に、ほとんどの卸先にお断りの連絡をし、直営店に絞る方向に転換した。

卸を展開していたひとつ、小田急百貨店の山本聖《さとし》さんという担当者と会議をもつことになった。

私たちは直営店で丁寧に接客をしたいので、卸はやめる方向で考えているという決断を伝えた。すると、山本さんが思ってもみない言葉を発した。

「小田急新宿店で、マザーハウスの独立した店舗を出しませんか？」

「独立した店舗って……、つまり、独立した店舗ですか……？」

「うん。ちょっと改装を考えていてね。２階のいいところですよ」

「ええーっ!?」

独立した店舗というと、いわゆる平場（たくさんのメーカーのバッグが同じ場所で並んでいるところ）ではなく、「マザーハウス」という名前の空間ができ、直営店と同じ雰囲気が作れるということだ。

聞くと、以前「ツモリチサト」や「ＺＵＣＣＡ」が店舗を構えていたフロアで、それらが４階に移動になったため、２階を「サンドリーズ・アレー」という名前のもと、改装する予定だという。サンドリーズ・アレーというのは、都市圏で働く女性をターゲットにした総合雑貨ブティック街とのことで、その店舗候補にマザーハウスが挙がっているというのだ。

山本さんが、そのサンドリーズ・アレーの企画者兼チーフマーチャンダイザーだった。

（信じられない……）

会議が終わってからも、本当に信じられなかった。山崎は出店コストを調べていたが、私は本当にただただびっくりしただけだったと思う。

「また、スケッチブックに描いた夢が現実になる……」

じつは起業当初スケッチブックに描いた夢――「お店を持ちたい」の次にこう書いていたのだ。

「将来は大きな百貨店にバングラデシュのバッグが置かれる」

その夢が、2008年9月23日、新宿という日本で最も込み合う街の中心、小田急百貨店の2階、しかも最もいい場所で実現することとなった。

店舗は、入谷や戸越よりもシックで、高級感があり、それでいてナチュラルさと赤い屋根で、他の直営店との連続性も表現された素敵なお店だ。オープンの日にはたくさんのお客様が来て下さった。そして、その賑わいを見て、通りかかった人も入ってくる。

日本のバッグ市場は、新規参入するチャレンジャーの非常に少ない産業で、しかも百貨店という極めてコンサバな世界で、マザーハウスという新鋭のブランドが店舗を設けたことは、業界内で大きな驚きを持って受け止められた。

それは常に次の時代を読み、消費者の視点に立ち、革新を起こそうと戦う企業戦士がいるからで、小田急百貨店の山本さんと、彼とともにマザーハウスの出店を推し進めてくれた安藤寛之さんには感謝の気持ちが尽きない。

私が不在中に、山崎がプレゼンをし、交渉を進め、店舗のデザインを考え、販売員を鍛えるという立ち上げの指揮をとり、夢の百貨店のテナントはオープンした。

開店後すぐにお店を見に来てくれた山本さんの顔を見て、何という言葉を述べるのがベストなのか悩んだ挙げ句、「頑張ります」としか言えなかったが、そこには一百貨店のバイヤーとメーカーという関係を超えた絆があった。

隣にはイタリアの大きなバッグブランドが入っている。10メートル先には日本の神戸のブランド。そんな中にある「Made in Bangladesh」のブランド。

百貨店では、日々他社の売上も一覧になって見られる。今日はあそこのブランドに勝った、今日はだめだった、そんなふうにマザーハウスはこの新宿でも他社と対等に

東京・新宿「小田急百貨店」内にある店舗

東京・入谷にあるマザーハウス第1号店の店内

競争をし、不況に入った今も一切バーゲンセールをしていないにもかかわらず、他社と同程度の売上を実現している。

そして、その売上のほぼ半分がブランド名を知らない通りすがりの人だという事実は、本当の意味で市場に参入したという実感を私に与えてくれた。

興奮状態のオープン日の合間をぬって、倉庫からバングラデシュにいるアティフに電話した。

「オープンおめでとう！」

と先に言われてしまった。

「ありがとう……。本当にありがとう」

メディア、店舗展開、すべてが順調に思えた。

Keep Walking

第2章

バングラデシュ、試練をバネにして

突然の退去通告

それは突然だった。

バングラデシュの子会社「マトリゴール」（現地語で「マザーハウス」を意味する）の業務が忙しくなってきたので、もう一人スタッフを雇おうと思って面接をしていた時だった。

その面接の途中でいきなり、現地を統括するディレクターのアティフが、

「会社を辞めなければならない」

と言ってきたのだ。

アティフと出会ったのは、私がまだ起業をする前。バングラデシュの日系企業でインターンをしていた時に知り合った。

当時彼は、バングラデシュで唯一のデザイン事務所を運営していた。それから1年後、彼と再会することになったきっかけは、提携工場で誰かにパスポートを盗まれ、さらに次に提携した新しい工場では、ある日行ってみると工場がもぬけのカラの状態

でだまされてしまい、私が危機的状況にあったときだった。

経営のベテランである彼に力を貸して欲しいと頼み込み、説得を続け、ようやくマザーハウスに入ってもらった経緯がある。彼が現地ディレクターになってからは、提携工場との関係もとてもよく、また素材調達、工員のマネジメント、すべてにおいて全幅の信頼を置いていた。

そんな彼が、突然言い出した「会社を辞める」という言葉には、予感がなかったわけではなかった。帰る時間が早くなったなぁと感じたり、突然急用が入って工場に来なかったということが、たびたびあった。

日本においてもそうであるが、バングラデシュという途上国において家庭と仕事を両立するのは容易ではない。ましてその仕事が、マザーハウスのように多くのコミットメントを求められるベンチャー企業となると、さらに難しくなる。

価値観や文化、越えられない大きな壁にぶちあたった気がした。

これまで個々の人間のもつ可能性や考え方といったものは、その人に対して継続して訴えかけ、共に戦うことで変えていけると思っていた。私たちの小さな自前工場では、それまで他の工場でうつむいて働いていた工員たちに、プライドあるモノ作りを教え、未来や夢を描くことを教え、小さくても実践してきたつもりだった。

しかし、一番大事な人が離れていくことを聞いた時、変えられないものもあるんだと心から痛感し、言葉では表現できない敗北感を生んだ。

「何か代替案はないのか」

「もう一度時間をおいて、話し合おう」

たくさんの議論もむなしく、結論は変わらず、彼のいない工場が現実になった。

彼が辞めるということで、私以外にもバングラデシュ、そして、日本のスタッフ全員が動揺し、悲しんだ。

彼を応援してくださったお客様もたくさんいた。本当に申し訳ない気持ちと、悔しい気持ちと、たくさんの複雑な思いを抱えたまま急遽、彼の後任を探し始めた。

しかし、事態はそれだけでは終わらなかった。

彼が辞めることが決まった1週間後に、工場を借りている大家さんから一通の手紙が来たのだ。

「7日以内に出ていきなさい」

政府の通達により、このエリアでの商業行為は許されない、というのがその理由という。

「ふざけるな！」

なぜ今さらそんなことを言われなければならないのか。契約した時点ではそんなことなど一切言っていなかった。そのエリアで商業行為をしている人たちなんて、何万人いることか。

7日以内に出て行けなんて、普通に考えても100パーセント不可能。会社を潰《つぶ》せと言っているようなものだ。しかし、手紙の最後には、

「No scope of discussion.」（これに関して一切議論の余地はない）

と書かれていた。

理不尽すぎる。一体私たちが出て行かなければならないほどの行為をいつしたんだろうか。その背景にはアティフとの一件があるのは必然的に理解した。

そして、一人の男性が来て、

「今日から7日以内に出て行ってもらいますが、その間の就業時間は17時までを厳守してください」

と冷徹な顔で付け加えた。

私はすぐ大家さんに面談を申し込んだ。この敷地と工場は、アティフが大家さんと契約しており、アティフが前職で所長を務めていた事務所と半分半分のスペースを使っている。私たちは家賃を大家さんにではなく、その事務所に50パーセント支払う契約を取り交わしていた。大家さんはアティフに信頼を置いていたので、アティフがいないのならマザーハウスと家賃契約する意味はないと思ったらしい。

聞けば、すでに別の事務所が私たちのスペースに入る手はずになっているという。大家さん、事務所、新たに入る会社、さらにはアティフまでもがタッグを組んでいるかのように見えた。

広場の芝生の上で、こらえていた涙が滝のように流れ出した。これまで感じたことのない脱力感を覚え、両足に力が入らず、もう立てない状態だった。地べたに座り込み、

「こんなこと、絶対に許されないだろう！」

と叫んだ。

土を摑んでは、思いっきりまた地面に投げつける。

振り返れば、何度も「危機」と呼ばれるものを経験してきた。それは目の前のテロによる爆発だったり、突然何もなくなってしまった工場だったり。

かつては戦う相手は弱気になっている自分自身だった。さまざまな困難の末にも、どうにか人を信じ続けることができた。しかし、今回はそれが難しい。人間不信に陥ってしまう恐怖。誰と会っても何か裏があるに違いないと直感的に思ってしまう。ものすごい葛藤だった。

大切にしてきた「自分」が壊れかけ、崩れかけた。途上国の可能性を信じることから始まったマザーハウスという一企業の挑戦も、もはやまったく意味がないものに思えてきた。

なくしちゃいけないものは何なのか？

それは自分自身ではないのか？

しかし、悩む時間も、そして泣く時間も、そのときの私にはなかった。

どうしても守りたいもの

7日以内でどうやって工場を移転しろっていうんだ。

いったいどこに行けばいいんだ？　いったい工員たちに何て言えばいいんだ？　機械はどうするんだ？

生産はできない。販売もできない。みんなで作った工場なのに。みんなの夢が詰まった工場なのに。

私は、持っていた携帯電話で、日本にいる山崎に電話をかけた。

「工場、出て行かなきゃいけないんだって……」

泣きながら報告した。

「ふざけるなよ！」

必死で日本を統括している山崎も、まったく同じ気持ちだった。

「行くよ！　バングラデシュに」

彼はすぐにチケットをとり、翌日には成田からバングラデシュに向かっていた。いつもどんな時も、ピンチになると真っ先に駆けつけてくれる彼がいることで、私はそんな状況でも、がんばろうと思えるようになった。

工員のみんなに心配かけちゃいけない……。顔を洗わなきゃ……。

工場に入る前に洗面台に行って、顔を水でじゃぶじゃぶ洗った。鏡に映った自分はすでに目も鼻も真っ赤で、何の生気もない。それでもアティフがいない中、自分は工場に戻らなきゃと思い、自分の頬を叩いて、戻った。

みんなは何も変わらず一生懸命バッグを作っていた。

何と言えばいいんだろう。事実をそのまま伝えたら、みんなを不安にさせるだけだ。私がしなきゃいけないことは何なんだ。考えたが、今この精神状態で何かを言うのもみんなにとって良くないと思った。だから、今日はいつもの自分でまず仕事を終えよう。

そして、17時が近づいてきた。いつもであれば、生産スケジュールがタイトなので、みんな19時くらいまで残業をしている。その日もその予定だった。けれど、17時には退出しなければならない。

「みんな、昨日も遅くまで頑張ってくれたから、今日は17時にはあがろう！」

必死に出した言葉だった。みんながキョトンとした顔で私を見るのが本当に辛かった。17時に仕事を切り上げると、またあの男性がやってきた。早く出て行け、と言いたそうな顔で、あたりを見回して出て行った。

私はすぐに家に帰った。力が出なかったが、

「あと7日しかないんだ」

このことだけが私を動かす理由だった。

明日から移転準備を始めなければ現実的に本当に間に合わない。ただ、どこに移転するんだ。まずはそこから探さなければならない。

夕方から友人全員に電話をかけ始めた。

「空いている敷地を探してほしい。場所はダッカ市内であれば、いやダッカ市外でもいい。とにかく工員6人が働けるスペースがあったら教えてほしい」

自分でも探しに出かけた。リキシャで街に繰り出し「TO LENT（貸家）」と書いてあるビルに一件一件問い合わせ、大家さんと会ったりした。

「家賃は？　いつ空くんですか？　ちょっと急ぎなんです」

家賃やスペースが希望どおりでも、まさか1週間以内に移転できるような場所はや

はりあるはずがない。

「少なくとも契約などして来月1日からでお願いします」

と言われる。

次の日の朝、再び物件探しが始まった。友人も地方から集まってきてくれた。

「あそこを探してみて。あっちが空いているかもしれない」

おたがいに携帯電話で1時間ごとに連絡を取り合いながら進めた。

「いいのがあった」

「入れる日は？」

「すぐに入れるみたいだ」

「行くから待っていて」

着いた先の敷地はすごく良かった。家賃はちょっと高いがすぐに移動できると言う。これでGOサインを出そう、そう思った。しかし、最後に電気がきているのかをチェックするとバッグの縫製用のミシンと革すき機が回せるだけの電力が通っていないことに気がついた。

「電力申請する必要がある」

「何日かかる？」

「ワイロ払って1ヵ月」

「……だめだ」

新しい場所を1週間で用意するのは難しい。午前中にその結論を出して、次に私は現在稼動している他の会社や工場に電話をかけ始めた。

個人的にはまったくいいアイディアではないと分かっていた。工員たちの精神状態なども考慮すると、他の工場に間借りさせてもらうなんて、誇りも何もあったもんじゃない。それにセキュリティ的にも安全じゃない。

しかし、選択肢がなかった。

「ちょっと大事な相談があるんです。今の工場で空いているスペースを間借りできないでしょうか。10日間だけでもいいんです」

「間借り？」

「はい。機械とスペースさえあればうちの工員たちが働けるんです。ちょっとトラブルがあって、今の工場の敷地を離れなきゃいけなくって」

「それは難しいだろう。うちだってフル生産しているんだから」

やはりだめか。そんなことをしていただけで、昼すぎになってしまった。工場に行く。

次の場所が具体的に決まるまでは工員には言えない。この日も通常通りの生産が行われ、再び17時にはあがろうと言った。

帰り際、古いスタッフであるローシャンが私のところに来た。

「マダム、何か問題があるの？」

「問題？　ないよ、何も。明日も頑張ろう」

その日の夜、面接途中だった生産マネージャー候補を自宅に呼んだ。まだ正式に仕事をオファーしてもいないのに、私はすべての事情を説明した。

「正直あなたはこんな会社に入るのは嫌だと気持ちが変わってしまうかもしれないけれど、今この瞬間あなたの力を貸してほしい。間借りさせてくれる工場を探してください」

「正直難しいと思うが聞いてみる」

「いつ？」

「明日電話してみる」

「だめだ。今ケータイで聞いてみてほしい」

明らかに困惑しているのは分かっているが時間がなかった。バングラ人の「明日」は明後日かも1週間後かもしれない。

「ちょっと話があるんだけど時間あるか？　そっちに行くよ」

と彼は友人に話してくれた。

そして、私は、

「どんな条件でもいいから、とにかく10日間のスペースと機械を確保してほしい」

と伝えた。

「分かった。ベストは尽くす」

と言った彼を私は送り出し、携帯電話を前に神様にお祈りをした。

深夜、もう0時を過ぎていただろうか。電話が鳴った。

「今から君の家に行く。彼もつれて」

「OK。来てください」

0時半。2人が自宅に来た。

「初めまして。マザーハウス代表の山口です。聞いていると思うけれど、少しトラブルがあって。迷惑をかけて申し訳ない」

「はい。聞きました」

と友人は言う。

正直、彼が信頼できる人物かどうかは分からないが、こちらのオファーから始めなければならない。

「スペースと機械を貸してほしいんです。もちろんあなたの工場の生産や工員の都合もあると思いますが、一時的に、10日間のみで結構です。お願いします」

「はい。僕の工場は本当に狭いですし、それと僕らの生産が第一優先で、それと日割で家賃を払ってもらうという条件で、友人からの依頼ですし、受けます」

「ありがとうございます」

2人が帰った後、涙が出てきた。

どんな場所だっていい。生産を止めたくない。それはビジネスのためじゃない。工場のみんなのために、仕事は続けなければならない。今、みんながいなくなったら私は本当の意味ですべてを失う。

そんな恐怖がその数日頭から離れなかった。

いつも彼らがすべてだったように思う。彼らが仕事をしている姿に自分も励まされ、勇気づけられ、前に進めたように思う。

私には何としてでも守りたいものがあった。そして、壊れかけた自分をどうにかして食い止めたい。もう一度自分自身に戻りたいと強く、強く願っていた。

劣悪な移転先

次の日の朝。日本から山崎がバングラデシュに合流した。

工場のみんなに説明をしなければならない時がきた。

「みんな、集合。大事な報告があるんだ。本当のことをみんなに言うからちゃんと聞いてね。私たちはこの工場を出て行かなければならない。

このエリアでは生産活動をしてはいけないらしいんだ。でもね、私たちはもっと大きい場所に移動するよ。もっと生産をして、もっと会社を大きくしなきゃいけないんだから！

今、大きな場所といろいろ契約関係の話をしていて、少し時間がかかりそうだから、そのあいだ10日間だけ私の友だちの工場で少しみんなには働いてもらいたいんだ。一時的にね。

明日みんなで見に行こう。決していい場所とは言えないけれど、短い時間だからガマンしてほしい。大きくなるためにね。

それと引っ越しをするために、少しずついろんなものを整理しなきゃいけないんだ。みんなで協力して、少しずつ段ボールに詰めていくよ。みんなで協力したら2、3日で引っ越しできるよね。心配はまったく必要ない。少し急なことだけどみんな分かってくれるよね？」

全員が真剣なまなざしで私を見ていて、一言もいわない。

(どうしたんだろう)

ハシナが言った。

「マダム。どうしてもっと早く言わないの？　引っ越ししなきゃいけないんだったらすぐに準備しなきゃいけないじゃない」

モンジュラニが続いた。

「そうですよ。もっと早く言ってくれないと!」

この言葉を聞いて、本当に心から安心した。

会社がこんなトラブルに見舞われていると知ったら、みんながどこかに離れていってしまうのでは、という恐怖心は不必要だったのかもしれない。うれしくてうれしくて、涙をこらえるのが必死だった。

「さあ、やろう! マムン、金具をこの段ボールに詰めて。サレハ、ハシナ! テーブルをきれいにしよう! モンジュラニ! 糸やはさみ、小さいものを頼んだよ。ムンナ、扇風機を外して。忙しいぞー」

みんないっせいに作業を始める。あと4日間だった。

次の日から、私と山崎は別行動を取ることになった。私が一時的に借りられるという工場を下見に行き、彼がマトリゴールの工場でアティフや弁護士との厳しい交渉を始めた。

バングラデシュのアパートを出て工場に向かう時に、山崎がポツリと言った。

「行きたくないな。胃が痛いよ」

どれだけの心労だっただろうか。議論が過激な方向に進むことを懸念して、私とアティフの間に入り、一言一言にこみ上げる怒りや憤りを必死にこらえ、話し合いを進めていた。

「僕が会社を守らなきゃいけないんだ」

彼がそう言っている姿を見て、私は自分自身がとても情けなく思い、社長失格だと本気で思った。

「この件が終わったら、社長を交代した方が会社のためかもしれない」

そう言う私に、彼が言った。

「今はそんなことよりも目の前のことを考えよう。それに、これは山口の会社じゃないか」

彼の言葉は私の胸に大きく刺さった。

社長失格だと言っている時点で、その状況から精神的に逃げだしたいと思っている証拠だったんだと思う。今、私が考えなければならないのは次の工場。みんなの働く場所なんだと、彼は教えてくれた。

朝から泣きはらした目で、一時的に借りられるという工場を見に行った。

オートリキシャで40分くらいだろうか。だいぶ、遠いなあ、という感覚でやっと着いたところは、なんと普通のアパートだった。

「ここが工場?」

「そうです」

中に入ると普通のアパートの部屋にミシンが3台あり、小学校の机くらいの大きさのテーブルに、はさみがあるだけだった。そして、奥にはトイレらしきものがあるのだが覗いてみると本当に汚い。その横にはすぐベッドがあり、誰かが寝泊まりしているらしい。すぐ隣の部屋にもベッドとテレビがあり、こちらは工場のオーナーが寝泊まりしているらしい。

正直愕然とした。

私たちの工場とは比較にならない、本当に劣悪な環境だし、間借りということでセキュリティも何もあったもんじゃない。工場とは呼べないそんな場所に、工員たちを呼んで生産をしてもらうなんて本当に情けない。

だけどもう選択肢がない。笑顔でお礼を言い、すぐに家賃の交渉に入った。

「ここ全体で月いくら払ってるんですか？」

少し彼は考えて9000TK（タカ）だという。

多分その半分くらいだろうなと思ったが、私は変にこじらせたくなかったので、

「じゃあ9000TK全額払います。ただ1ヵ月もいないと思うので、その分は日割りで計算してください」

と言った。

すぐに契約は終わり、工場に戻った。みんな一生懸命、引っ越しの準備をしている。

「みんな、明日段ボールを持って一時的に移動する工場に行こう。だからそれまでに頑張って準備しよう」

それから再び作業に入った。作業をしている時にまた男性が来て、何も盗んでいないかチェックすると言う。そして、工員たちに段ボールに入れたものをすべてリストにしろと命令している。

ふざけるな。再び頭に血がのぼりそうになる。

私に言うのなら何だって耐えられるが、工員たちにそんなことを言うなんて本当にがまんならない。一刻も早く出て行ってやる。この時はそんな気持ちだった。

引っ越しの準備をして、私はすぐに出掛けることにした。それは機械を買うためだった。

あの一時的な工場の生産設備ではとてもじゃないが、生産できないのだ。いいものを作るには、それなりの機械で作らなければならない。ドイツのメーカーの工作機械を輸入している販売店に行き、すぐに交渉をする。

「これから輸入手配を始めるので最低でも1・5ヵ月かかる」

「それは困る。在庫はないのか。在庫リストを見せてください」

「あるのは平ミシンだけだ」

「平ミシン……。ポストベッド（立体的なバッグを縫う特別な機械）がほしい」

「中国製のものしかない」

「見せてください」

店員が段ボールから取り出す。試しにお店で縫ってみるが、なんとも言えない不愉快な縫い心地だった。

これじゃあダメだ。

違う店に行く。何軒まわってもやはり海外のものは入手できない。最後の手段で、他のカバンを生産している工場に頼みに行った。

「ちょっとトラブルがあって、ポストベッドを貸してほしいんです。レンタル料は払います」

「困るよ。私たちだって生産しているんだ」

「でも2台あるでしょう。1台だけ借りられないかな」

「難しい」

今度は、なめし工場に向かった。そのなめし工場には倒産したバッグ工場から安く買った中古のミシンがあるのを覚えていたのだ。

「このポストベッド、少しの期間借りられないかしら」

「うーん、聞いてみるよ」

「お願い。至急なんだ。連絡待っているから」

それから、夜になっても連絡がないので自分から電話してみると、やはり難しいと言われた。

友人に電話をする。

「ダッカ以外のバッグの工場を調べてみてくれる？　ポストベッドを借りたいんだ」

ダッカ以外の工場であれば生産をフルスイングでやっているところは少ない。借りられる可能性があるかも知れない。

友人はすぐに問い合わせてくれ、機械はあると言う。

「本当？　メーカーは？」

「アドラーです」

「アドラーがあるの？」

「はい」

「何年使ってる？」

「20年だそうです」

「20年かあ……厳しいなあ。分かった。ありがとう。またあとで連絡する」

だめだなぁ。次の日、今度は少し離れた機械のお店に行った。そこには中古だがきちんと「Made in Germany」と書かれたアドラーの機械があった。

「あった！　これ、縫ってみていいですか」

「はい」

少し気になる点はあったものの何とか使えそうだと判明した。

価格の交渉をする。

「明日機械が分かる友人にも来てもらうから、問題なければ現金で支払いをして持って帰ります」

「ＯＫ」

次の日、機械の分かる友人を連れて行った。ふむふむと機械を見る友人。

「この部分をばらしてみてくれ」

という。

店員がしぶしぶばらす。その途端友人の顔が少し曇る。

「エリコ、ちょっと来て」

友人に裏に呼ばれて行くと、彼が言った。

「この店は危ない。アドラーと書いてあるのは外側のみ。中の部品は全部偽物だ」

「偽物……」

なんとかなると思ったが、ここでもまた問題が残った。

次は、路面で木材などを扱っている業者のところに行く。

「テーブルを2台オーダーしたいんだけど」

サイズを伝えると、ここでもやはり1週間くらいかかるという。とりあえず急いでほしいと伝え、何とか納期は4日になった。

私が機械の手配などで外出が多いため、わが社の生地の専門家である日本のスタッフが、臨時の工場に常にいて、工員たちにこの状況の中で安心感を与えていた。

彼は、現地の人にとってさえ工場とは呼べない環境の中、日々、工員たちが来る前に到着し、みんなの様子を私に報告してくれていた。

山崎はというと、現地ディレクターとして採用予定だったモインと連絡を取り合いながら、新規工場の予定地を決めた。

モインは入社した会社がいきなりのピンチに立たされているので当然大きな戸惑いと不安を感じただろうと思う。しかし、そんなことを感じさせないくらいの勢いでオフロードバイクでたくさんの物件を回り、家賃の交渉を共にしていた。

ようやくランプラという繊維工場がたくさんある地域の大通り沿いの3階に決め

た。

私は外出したり臨時の工場にいることが多く、なかなか様子を見に行けなかったが、内装を山崎とモインで話し合い、工事に着手した。

「ここにはサンプルルームを作ろう。オフィスはガラス張りの方が絶対いい」

工事や内装は時間的にかなりタイトだった。

しかし、私たちみんなが思っていたのは、一刻も早く工員を新しい工場に移動させなきゃならないということ。そんな思いで、各自が新工場設立のために全力を挙げていた。

残すところ、あと2日となった。

ハシナのピーナッツ

工場では移転の準備が大詰めだった。

この日はみんなに移転先の工場を見せる予定だった。夜からずっと眠れなかった。

みんなの落胆の顔が目に浮かぶ。

午後4時。トラックを手配して段ボールを詰め、まず引っ越しの荷物を半分に分けると、前半の引っ越しを始めた。2トントラックに積めるだけ積んだ。2トントラックの荷台にみんな乗って、まさに大移動が行われた。

(こんなはずじゃなかったのに……。こんな惨めな思いをさせて、こんな最悪な引っ越しをして、なんて自分はだめなんだ)

着いた先のアパート。

みんなに中を見せる。最初の10分くらいみんな無言だった。明らかに動揺している。これまで、工員たちの労働環境を精一杯整えてきたつもりだった。規模はまだ小さいけれど、きれいな工場と働きやすい環境だけは自慢だった。みんなの第一声を聞きたくないと正直思った。

だからみんなが何か言う前に言った。

「みんな、ここは本当に仮の場所なんだ。10日もしたら、すぐに新しい大きな工場に移るんだ。だから少しの間ガマンしてほしい」

「うん」

小さな声で工員の一人が返事をした。

私たちの荷物を上げただけで、その工場は荷物でいっぱいになった。嫌な空気とともに工場を後にする。みんなでとぼとぼとタクシーを拾いに、通りに出た。

その途中、ハシナが言った。

「マダム！ これあげる！」

振り返ると、満面の笑みの彼女の手にはたくさんのピーナッツがあった。

「え？」

「あげる！」

まるで私を励ましてくれるように元気な声と笑顔で彼女がそう言った。一言も文句なんて言わず、ただただピーナッツを食べてって言っている。

私は彼女のあどけない少女のような笑顔と、手にいっぱいのピーナッツを見て、必死に涙をこらえていた。

人を信じられない恐怖。そして、それに押しつぶされそうな自分自身との戦いの中で、私に光を与えてくれたのはこのハシナだった。信頼していた人間が、カメレオンのごとく主張や態度を変化させるのを目の当たりにしながら、状況がどんなに変わろうと、変わらずに私のそばにいてくれる工員たちだった。

お互い言葉は交わさなくても、国境も文化もすべてを乗り越え、本当に心がつながっていると思えた瞬間だった。

バングラデシュでは、労働力の流動性がきわめて高い。工場を転々とする人たちも多くいる。工場の先行きが危ないと思ったら、忠実さなんてまったくなく、突然来なくなる人たちもたくさんいる。

そんな中、こんな状況に直面してもついてきてくれ、まして私を励まそうとする工員たちに恵まれ、なんて幸せなんだろうと私は感じた。そして、こんな状況でもみんながいる限り、この危機をどうにか切り抜けようと改めて心に誓った。

一日でも早く、みんなにきれいで大きい工場を、精一杯のベストを尽くせる環境を用意したいと思った。

自分たちの工場だ。もう誰にも振り回されない、最高の工場を作るんだ。

次の日は告知されていた7日目だった。

今日でこの工場とはお別れなんだ。そんな気持ちで最後のトラックを手配して、荷物を運んだ。工員たちは少し疲れているので先に帰らせ、私は出て行く工場の掃きそうじをしていた。

ああ、ここに来たのは6月だった。

提携工場での生産を続けながら、モノ作りを追求する過程で、商品開発を自社で行うために作った私たちだけの現地工場。

白い壁に床、そして白いエプロンを着た工員6名が毎日のように、小さいながら必死で作り上げ、支えていたこの工場。

本当にわずかな量だが、この工場から最初の商品が日本に輸出された時、私はいつかこの工場を100人、1000人の工場にしていきたいと誓った。

ああ、あの時はみんなにひどく怒ったなぁ。

ああ、あの時はみんなで大笑いしたなぁ。

あの時は……あの時は……。

この工場で戦った商品開発の日々も思い出された。あのバッグを作るために夜中12時までかけてパターンを作っていたっけ。

ミシンで縫製するたびにイメージと違って、バッグを投げつけた日もあったなぁ。

ミシンやテーブルを見るたびに、溢《あふ》れるくらいの思い出が駆け巡る。

悲しさと悔しさと寂しさ。

そうやって立ちつくしていると、また男性が入ってきて、17時だ、早く出て行け、と言われた。とぼとぼと家に帰る。

心身ともに疲れてしまった。不安と恐怖と焦りだけで頭がいっぱいで、その他の要素が頭に入る余地はまったくない日々が続いた。社長として、工場のみんなのボスとして、私は本当に失格だ。

すべての責任が私にあるんだ。自分を責め、責めるほどに精神的に摩耗していく自分がいた。しかし、ようやく新しく移る工場の内装工事をし、電気工事を進め、引っ越しの日がきた。

ローシャンが辞めた日

新工場の工事は、山崎とモインの交渉もあって後半からスピードアップし、生産設備用の電力も整い、壁も白く塗り、本当に素晴らしい出来になっていた。

山崎は、この新工場が始まる前日の様子をある講演会でこう語っていた。

「まるで自分の家ができたみたいだった。

それは日本で最初に入谷店を作ったとき、オープン前日に床に寝っ転がった時とすごく似ていた。その新しい工場でも、床に座って天井を見上げた時、本当に涙が出てきたんだ。

ビジネスをしている以上、ピンチはある。けれどもそんな時こそ、自分たちをさらに強くするための『変化』が生まれる時でもある。ピンチは次なる可能性、攻めの経営に繋《つな》がっていくはずだ」

ついに新しい工場に移った初日。私にとってこの日は初日ではあっても、この一連の問題に決着をつける最終日だと感じていた。

しかし、朝のミーティングをやろうと出勤すると、ローシャンが話したいことがあるという。

「マダム、僕は会社を辞めることにします」

それはもう衰え、道ばたで倒れ、目を開けることくらいしか力が残されていない動物に、重くて痛いゴミを投げつけるような言葉だった。

「どうして?」

「新しい生産マネージャーが来るんでしょう。他の人の下では働きたくない」

その理由を聞いて、それが本当の理由ではないなとすぐに分かった。

ローシャンは前から、

「会社はどうなるんだ? 問題があるんだろう?」

と一番心配していたが、そのたびに話し合って、工場は大きくなる方向であると伝えていた。

しかし、水面下で動いていたのだ……。

ローシャンは、マザーハウスの現地工場の中で一番古いスタッフだった。工場になる以前、それこそサンプルルームをようやく借りられるようになった時に初めて入社したサンプルマスター(商品になる前段階のサンプルを型紙から作り上げる職人)だった。

一人で遅くまで作業をしていると決まって、「マダムが一人だと可哀そうだから」と彼も一緒に遅くまで残ってくれた。そして、「情熱大陸」の番組の中でも、彼が工場に一人で残って作業している様子が映ったが、あれは演技でも何でもなく、いつも本当に真摯に働いてくれていた。

私もローシャンからバッグ作りについて、たくさんのことを教わった気がする。最初、型紙の切り方すら分からなかった私が、基礎を身につけられたのは、彼のやり方を見て盗んだからだ。

そして、私がミシンで四苦八苦しているとコツを教えてくれたり、徐々に私も縫製ができるようになると、素直に「マダムは本当にすぐに覚えますね」といって喜んでくれた。

ローシャンの次にサレハが入り、ハシナが続いた。さらにマムンが入り、ムンナも入り、徐々に工場が大きくなっていった。

仕事が終わった後、いつも彼が日本語を勉強したいというので、2人で残って日本語を教えたりもした。残業なんてまったく気にせず、一人になっても残ってサンプルを仕上げてから帰る。必然的に一緒に過ごしてきた時間が一番長いスタッフだった。

そんな彼が辞めると言い出したのは、やはり会社の先行きが不安になったからだろうと思う。辞める直前には出勤時間が遅くなったり、突然風邪で工場に行けないと言われたり、たび重なる不審な点はあったが、それらも辞めるための準備だったんだなと思うと胸が裂かれるような気がした。それもすべて私に責任がある。

しかし、ゴミを投げつけられた動物は、さらに悪態をつかれる。

最終的に、私たちは退職金規定より少し多めに払うと伝えた。すると、もっと多く払えと一歩もひかないのだ。さらに、マザーハウスで得た社内の機密情報やノウハウは漏らさないように、という誓約書に最後までサインをしなかった。

初日の大事なミーティングの前に、叫びたい、泣きたい気持ちになったが、今私にとって最も大事なのは目の前の「残ってくれた」工員たちだった。

「みんな、これが私たちの新しい工場だ。

本当に今まで、この1ヵ月、迷惑をかけて本当に申し訳なかった。アティフも辞めて、ローシャンも辞めて、きっとみんなに心配ばかりかけてしまったと思う。本当に

工員たちとの絆があったからこそピンチを乗り越えられた

ごめん。

ただ、同時に、ついてきてくれて本当にありがとう。これから私たちはここでまた、バングラデシュから誇りをもって、世界に通用する商品を作っていこう。また改めて頑張ろうね」

ここまで話すと、私は不覚にも、初めて工員たちの前で泣いてしまった。

出てきた涙は留《とど》まることを知らず、「7日以内に出て行け」と言われたその日から抑え込んでいたものが溢れ出たかのようだった。

そんな私の顔を見て、ハシナやモンジュラニも泣きそうな顔をしていた。そんな顔を見ると、さらに涙が出てきた。

みんながいてくれて本当によかった。みんなのおかげで今があるんだと心から思う。

このバングラデシュの一連の出来事は、ブログやお客様にもきちんと報告できなかったほど、私にとって最もセンシティブでショックの大きいものだった。

けれど、何とか最終的には、前より広い工場に、そして、念願の自前工場にたどり着くことができた。

最悪の出来事がこの前進につながったのは、日本から駆けつけ、必死に私と会社を一番近くで支えてくれた山崎、そして、不安な気持ちもあったと思うのに、ずっと私を信じ、日本で自分たちの使命を全《まっと》うしてくれたスタッフ、バングラデシュの工場のみんな、そして、たくさんの応援のメッセージを私にくれた方々の、国境を越えた心からのサポートのおかげだった。

一人ではとっくに倒れてもおかしくない状況の中、支えてくれたすべての人たちに、この場を借りて改めて感謝の気持ちを伝えたいと思う。

バングラで最高の工場をめざして

もともと自前工場はあったが、サンプルではなく生産を目的とした大きなスペースは初めてだった。

絶対にバングラデシュの中で最高の労働環境を整えるという強い意志のもと、ガラス張りのオフィスとサンプルルームをつくり、通常ならばコンクリートむき出しの床も私たちは白いシートを敷き、テーブルも棚も木製で整えた。

さらに名前と写真が入ったIDカードを支給し、白いエプロンと工場内で履くことが決められている靴も支給した。

外見を整えるだけではない。企業内ローンを始め、工員への定期的なメディカルチェックを実施など、福利厚生の充実に努めた。さらにランチも、現地の10分の1程度の食費で提供できるよう、キッチンを設置してコックを雇った。

新しく現地会社のトップになったモインという人物は、もともとウォルマートの現地法人で、繊維関係の仕事に携っていた。

頭の回転が非常に速く、兄弟がみなアメリカやイギリスで生活している中、彼だけはバングラデシュに残り、国のために働きたいと思う若き男性だった。

そして、彼を支える生産マネージャーのマムン。間借りさせてくれる工場を探すのが最初の仕事、という最悪のスタートにもかかわらず、働いていた300人程度の大きな工場を約束どおり辞めて、マザーハウスに入ってきてくれた。

もともといたスタッフ以外にも、生産を拡大することを目標に新しいスタッフが一人、また一人と入ってきた。その中には、マザーハウスがいい労働環境を整えているという噂を聞いて入ってきた人もいる。

「マトリゴール」のみんなと。前列右端が副社長の山崎大祐

新しい工場での作業風景

アティフとの別れ、工場の退去命令、ローシャンとの別れ……。

これらの危機を乗り越えて、バングラデシュのマザーハウス工場はさらに強い信頼関係のもと、本格的に動き出した。

Keep Walking

第3章

チームマザーハウスの仲間たち

デザイナーとしての自分を操る

自前工場での生産を行うにあたり、これまでと最も違いが出たのが商品開発、つまり、デザインだった。

商品開発は、どの企業、そしてどの産業にとってもコアである。私はこれまではフロアを行き来しつつも何とかデザインに集中できる時間をやりくりして、新しい工場ではサンプルルームがオフィスとは別にできた。

そこで初めてデザインをした時の楽しかったこと、うれしかった気持ちを、今でもよく覚えている。私はこれまで起業家、あるいは経営者として取り上げられることが多かったが、実はデザインやもの作りをする時が一番楽しいのだ。

私はもともとデザインなんてやったことがなかったし、まして、そのための学校なんて行ったこともない。だから、バッグのデザインや店舗のデザインでもすべて独学で学んでいったし、バッグについてバングラデシュの工場で格闘しながら、見よう見まねで型紙を切るようになり、ミシンに座るようになった。

「デザイン」にこそ、マザーハウスの運命がかかっている。

お客様がいて初めて成立するビジネスは、自己表現であるアートとはまったく違う。お客様の欲しいものを分析し、それを途上国の素材と技術を使用しながらも私というフィルターを通すことで、日本の街並みに溶け込みながらも新鮮さとある種の驚きをもった商品が作られる。

バングラデシュの道に捨てられていたココナッツも、デザインによっては素材として新しい命を宿す。

そのココナッツはレディースのバッグのデコレーションの花として日本に渡り、ナチュラルテイストなワンピースを着たかわいい女性の肩にかけられる。

私は、このクリエイティブな仕事を心から愛している。

2006年の起業当初、160個を作って売り、さらに、650個を作って売った。その後、フォーマルなデザインから、素材を活かしたカジュアルなテイストにシフトしていった。カジュアルなジュートバッグは好評だった。

また、購入してくれたお客様の年齢層も、高校生から私の祖父母の年代までさまざまに広がった。

だからこそ、商品開発は難しかった。

たとえば、通常のブランドだと、「25歳でワンピースを着ていて、ルーズな感じのレザーのブーツで、休日に表参道のカフェでカフェラテを飲んでいるような女の子」と特定のターゲットをピンポイントでねらい、その周辺を獲得するという方法がある。しかし、そうした方法をマザーハウスではとることはできなかった。商品ごとにターゲットを変え、幅広い「面」と「多様性」を確保しなければならない。

商品ごとにそのテイストを「女性」と「男性」で切り替えたり、「20代」と「40代」で切り替えたり、「オフ」と「ビジネス」で切り替えたり、デザイナーである私を自由自在に操らなければならなかった。

その作業は、言葉で書くのは簡単だが、非常に苦痛な作業だ。

普通、これは社長の仕事じゃないと言われるかもしれない。けれども、途上国からかわいいものを作るんだという、これだけは譲れない思いが私をますますデザイナーにさせたし、職人にさせてくれた。だからこそ、自分自身が壊れそうになるくらいま

デザインやもの作りの時間が一番楽しい

で、もの作りにこだわって、デザインをし、さらに型紙を作り、縫製まで行うようになった。

ある時、これは絶対に行けるだろう、と意気込んだ商品がまったく売れなかったことがあった。これまでで最も時間を割き、最も苦労した商品だった。店舗からの売上げ情報を見るたびに、何が悪かったのか、どうしてダメなんだろうと自信喪失してしまった。私には無理なんじゃないか、そんなふうに思ってデザイナーを探したりもした。

しかし、実際に面接をしてみると、バングラデシュや社会のことなどまったく関心のない片寄ったファッション好きだったりして、そんな人に、どうしてここまで作り上げた自分のブランドを任せられるだろうかとも思った。

哲学を作り、それを貫いてきたマザーハウスであり、私だった。

デザイナーだけは最も厳しい目で判断した。テイストだけでなく、本気でマザーハウスを理解してくれ、本気で心中したいと思える人でなければならなかった。そして、まだ出会えていないのが事実である。

自分自身が成長しなければならないと思った。

『通販生活』とのコラボレーション

そんなある日、『通販生活』という通信販売のカタログ雑誌から、

「バッグを作ってくれませんか」

という依頼を受けた。

正直、大きな悩みのある時期だったので、できるだろうかという不安や恐怖でいっぱいだった。しかし、発行元である「カタログハウス」の品質への取り組みや企業としての姿勢を知り、やってみようという気持ちになった。

過去の『通販生活』に掲載された商品を研究し、どんな人がどんな時に持つバッグが求められるのかを検討していった。さらに、これまでの掲載商品にはないバッグを作ろうと試行錯誤した。何度かサンプルをデザイン画なしに自由に作ってみた。必死に考えた結果、シンプルに読者が欲しいと思うような「かわいい」デザインと、ナチュラルな素材のジュートを使うことで、新しさを演出することにした。そして、日本に持ち帰ってプレゼンすると好評で、あっという間に発売が決まってしまった。

いただいたオーダーは300個。バングラデシュの自前工場で生産し、いざ発売となった。ターゲットに合っている自信はそれなりにあったが、最初は何の気負いもなくはじまった。しかし、発売から1週間で、なんとその10倍以上のオーダーをお客様からいただいたのだ。

限定品と決まっていたので注文された数すべてを生産することはしなかったが、自分のデザインした商品が、これほどまでに反響があったことはなかった。とくにうれしかったのは、商品を買ったお客様から寄せられるメッセージが、「かわいいから」など、純粋に商品に向いていたことだ。カタログハウスからも、次回からはもっと量を増やしてお願いします、と早速返事をいただいた。

私にとって、この経験は非常に貴重なものとなった。デザイナーとしての最初の成功体験をもらったような気がした。

『通販生活』に掲載したバッグにあれほど需要があったのは、シンプルに女の子が欲しいと思ってくれる「かわいい」デザインとジュートの使い方、ナチュラルなテイストのすべてがニーズにマッチしたからではないか。それから次に作ったのが、マザーハウスの春夏コレクションのバッグだった。

『通販生活』の成功を検証するために、同じような方向性で、さらに少し若い人をターゲットにしたデザインに挑戦してみた。

すると、これもまた前例のないヒットを生んだ。

単体で見るともちろん売上トップ、そして、シリーズとしてもこれまでのものと比較にならないスピードで売れて行き、作っても作っても、すぐ「予約」の札が張られる状態となった。『通販生活』での成功体験をへて、ようやくデザイン面での自分のテイストと「マーケットデマンド」(市場の需要)との方向性が見えてきた。

その頃、社内でコラボレーションの話題が出ることが多くなった。

その一つが、「ソニースタイル」(ソニースタイル・ジャパン)だった。

ソニーのエレクトロニクス製品の電話やオンラインによる通信販売で、女性向けのカメラバッグを作ってほしいという依頼だった。

「ソニーと仕事できるなんて夢みたいだ！」

私なりに、女性が持ちたくなるようなカメラバッグをイメージし、いろいろと作ってみた。ソニーのコンサバティブなイメージと、マザーハウスのナチュラルなイメージの融合を、一番いいバランスで実現したかったのだ。

生地はナチュラルな色、革にはキャメルを使用。何度もサンプルを作って、細かい修正を重ねていった。

そして、ついにファイナルサンプルにGOサインが出た。

「いいねえ。いいですねー」

ソニーの担当者が、本気でそう何度も言ってくれるのを聞いて、本当にうれしかった。

そして、ナイロン製のパソコンケースなどが並ぶソニースタイルの展示場に、ジュートのナチュラルな女性向けのカメラバッグが並んだ。予約から順調で、マザーハウスの店舗に訪れるお客様からも店舗でも販売をしてほしいとたくさんの声をもらった。

このようにコラボレーション・プロジェクトが進みだした背景には、私個人の努力だけではなく、私が商品開発に専念できるよう日本のチームが副社長の山崎を筆頭に一体となって日本を固めてくれているからだった。

「チームマザーハウス」

ここで日本のチームについて紹介したいと思う。

副社長の山崎大祐は、以前は「ゴールドマン・サックス」という名門投資銀行で、数少ないエコノミストの一人として活躍していた。その職をなげうち、六本木ヒルズから入谷の事務所に飛び込んできた人間だ。

さかのぼれば彼との付き合いは、私が20歳だった大学2年の時から。慶應大学のゼミ「竹中平蔵研究会」に入ったのだが、その研究会のリーダーを務めていたのが彼である。どこに行っても常に輪の中心にいて、研究会だけでなく、大はしゃぎの飲み会の席でもそうだった。

そんな彼の性格は、私とは真逆である。

私は、こうやって起業してメディアなどに出るので勘違いされがちなのだが、いつも内向的で自分の意見を言うのさえ恥ずかしく、社交性なんて皆無で、一人で過ごすのが好きで、隠れて地道に絵を描いたりするのが大好きな性分である。

一方、彼は外向的で、人が大好きで、誰とでもすぐ仲良くなれる。勉強だってできるし、話も上手。そんな彼を見ていて、何度うらやましいなあと思ったか分からない。

けれど、大学時代から、彼は後輩である私に、

「君はすごい可能性がある」

と言い続けてくれた。

きっと彼のことだから、いろんな後輩を励ますために、同じようなことを言っているんだろうなあと思ったが、コンプレックスだらけの私には本当に支えになった言葉だった。私が「起業しようと思う」と言ったときも、彼だけは「いいじゃない！」と一言。常に私の味方をしてくれていた人だった。

そんな彼が社外から社内に入ってきて、彼と私の違いはますます強く感じられるようになった。

彼はスタッフ一人ひとりと非常に近い位置にいて、どんなささいなことでも意見を聞き、お店をまわって、みんなのモチベーションを高めている。

そうかと思えば、難しい財務資料をエクセルを駆使して仕上げ、本来なら外部に頼む増資の際の株の時価も、自分で計算しちゃったりする。さらに、イベントや会社の飲み会では、誰よりも楽しんでしまうという本当の意味でバランスの取れた人間だと思うし、私はいつも自分なんかよりも、ずっと山崎の方が社長向きだと思っている。

でも、そんな彼もまたマザーハウスに入ったことで、ものすごく変わったことが三つある。

一つは「現場」に対する理解である。ゴールドマンにいた時は、もちろん頭が良くて私が必死に現場で感じたことをすぐ理解してくれたが、今では頭ではなく体でそれを分かっているように思う。段ボールの上げ下げだって、検品だって、とても大事な仕事なんだと彼は一番理解している。だからこそ、誰よりも働き、誰よりも考えている。

そして、二つめは「ユーモア」である。

彼は経歴からして、ものすごく頭の切れる秀才に見えるが、実はそうではない。一日一度はギャグを言い、新しいギャグやキャラを開発しては披露してくる。爆発的なヒットを放つこともあるが、やはり商品と同じように波がある。いつも笑いが絶えないオフィスでいられるのも、実は彼のおかげなのである（彼がそのために意識してギャグを開発しているとまでは思わないが……）。

最後の一つは、新しい世界に対する貪欲さである。

まったく違う業界にいたのに、彼はいま、マザーハウス一番のファッション業界通であり、小売についての知識は、百貨店の人たちと話してもまったく引けをとらない。さらには、バッグの構造まで理解し、コラボレーションの際の会議も、私が日本にいなくても取引先と具体的な話を進められる。バッグや現場の知識、会社経営のノウハウまで、最高のバランス感覚だと私は思っている。

最近、バングラデシュで品質の問題があった時、彼が「俺、行ってくる」と言った。それから2日後にはバングラデシュに飛び、バングラチームと話し合い、新しい品質のオペレーションシステムを考えてきた。

去年までは彼が日本の販売サイドを代表し、私がバングラデシュの生産サイドで何度となく衝突があったが、ものすごいスピードで品質の重要性や、もの作りがどれほど地道な作業かを認識し、今では彼の生産サイドに対するリスペクトがあってこそ、製販の一貫性が保たれている。

そして、それより何より、彼がいなければ今の私はなかった。

今後の私も100パーセントないだろうと思う。仕事の上で、ここまで同じ道を歩むことになるとは、大学時代には思ってもみなかった。

彼ならば、マザーハウスと出会わなくても最高にエキサイティングな人生が待っていたはずだろう。

しかし、こうしていつも一番近くで私を支え、辛さを楽しさに変え、失敗を成功への一歩だと言い、そして、どんな逆境に立たされようと私の可能性を、どこまでも果てしなく誰よりも信じて疑わない彼がいたから私はいる。


そんな山崎と私を中心にして、「チームマザーハウス」はある。

どのスタッフも、私が心から信頼し、純粋に「大好きな」人間たちばかりだ。

まずはじめに紹介するのは、最近、バングラへの出張が増えてきた後藤愛。

30歳になったばかりの小さくてかわいい女性で、もとはアパレルのデザイナーだった。彼女は、ある日突然、入谷店に入ってきたと思ったら、履歴書を取り出し、採用してほしいと切り出した。私は、彼女の可能性を本気で応援しているし、彼女への期待は非常に高いものがある。

マザーハウス社内で、年に一回、最も評価されるスタッフに贈られる社長賞を2008年に受賞。その副賞としてバングラデシュ行きが決まった。

しかし、この出張で現地のスタッフとのコミュニケーションでたくさんのハードルがあり、正直、反省材料を多く抱えて日本に帰国した。そして再チャレンジとして、その後再びバングラデシュに出張。商品開発やバングラチームとの関係構築で確実な進歩を遂げた。

今でも覚えていることがある。

私が商品開発でバングラデシュで苦しんでいるとき、

「一緒に戦いたい、少しでも苦しみを共有できたら」

と彼女がパソコンのチャットで言ってくれたのだ。

私はこの言葉にどれだけ励まされたか分からない。「デザイン」という領域は、他者と思いを共有するのが難しい孤独な作業である。そんな中、ともに戦おうという彼女の姿勢は、私に光を見せてくれたし、日本で必死に頑張っている彼女の姿を思うと、いいサンプルの写真を送りたいと素直に思える。

彼女に自分と同じようなことをしてもらおうとはまったく思っていない。「後藤」という一人のストーリークリエイターに成長してほしいと心から願っているし、プライベートでもぜひ幸せになってほしいと思っている。

次に、若手だが24歳の迫俊亮がいる。三菱商事を辞めて入社してきた〝アメリカ帰り〟の新人である。学生時代にマザーハウスでインターンをした経験があるが、当時の私の予言どおり（！）半年で三菱商事を辞めた。そして、マザーハウスに戻ってきた。

「あ、迫くん、やっぱり戻ってきた。賭け勝った（笑）」

インターンのときの仕事ぶりを見ていて、絶対、迫は半年で三菱商事を辞めるだろうなと私はみんなに言っていたのだ。理由は、一度マザーハウスという会社をインターンとしてでも知ったからには、他の会社では満足できないはずだという私の自負があったのと、迫の性格からして商社向きではないと思ったのだ。さらに半年と言ったのは、頭がいい人ほど決断も早いから。

迫が辞めたのも、それだけ頭がよかった証拠だと私は思う。

インターンとして働いていた頃とは違い、今では迫の帰国子女らしい日本語もすっかり直った。彼はこれから紹介するH.I.S.(エイチ・アイ・エス)のツアーや、卸先対応などでも大いに活躍することになる。

マザーハウスという会社は理念の強い会社だ。

その理念を100パーセント理解して、その哲学的背景までうまく語れる社員は多くない。

迫は、三菱商事に入社し辞めるまでの過程で相当悩んだと話してくれたことがあったが、彼の成長が早いのは、とことん悩んだせいかもしれない。

思想や個人的な哲学の部分は、こちらが教えたくても教えられる類《たぐい》のものではない。若くても自分なりの「軸」をしっかり持って発言し、アクションしてくれることは、「チームマザーハウス」にとっても大きな刺激を与えてくれている。逆に、そこさえしっかりしていれば、ノウハウや知識などは後からついてくる。

迫には、これからもたくさんの失敗を経験してほしいし、私も迫にできる限りのチャンスを与えたいと思っている。

工藤理恵子は、雑誌のデザイン事務所を辞めて入社してきたが、マザーハウス随一の〝ストーリーテラー〟である。

その理由は、彼女が広報とアートディレクション、そして、私の秘書業務というなかなかストレスの多い業務を笑顔でこなしているからである。

小さい会社だが、取材や講演の問い合わせは非常に多い。それに1件1件対応しながら取捨選択し、上がってきた記事に赤ペンを入れていくのだが、工藤が修正してくれたもので私がさらに修正することはほとんどない。

ある時冗談で、「私、山口さんがいなくても代弁して取材に答えられますよ～」と笑っていたが、本当に私が何を言うか、何が嫌いか分かってくれていて、最近では工藤がいないとなぜか不安な気持ちになったりするくらい。見かけは華奢《きゃしゃ》な彼女だが、私が一番頼っている人間の一人だ。

また、彼女のアートディレクションは、カタログや店舗に使われるＰＯＰなどに次々に採用され、そのノウハウや技術は、マザーハウスが今後展開する新規事業でさらに開花するだろうと確信している。

その他、ここでは書ききれないが、マザーハウスのスタッフはみな、とても自然体であること、そして、型にはまっていないことが共通しているように思う。

その一方で、大企業を辞めて、勢いよくマザーハウスに入社したものの、さまざまな理由で辞めていった人間も多い。一言で言うと価値観が合わなかったのだろうと思うし、私は去るものは絶対に追わない性格だから、スタッフが辞めると言い出した時は、また違う道で頑張ってくれたらといつも思っている。

今残っている人間は、改めて考えてみたら、やっぱり「マザーハウスっぽい」雰囲気に包まれている。

見栄や変なプライドがある人は一人もおらず、お客様からお菓子などをいただくと子どものように「わーい！」と喜んでいる。

みんな一人で何役もこなしながら、変化を恐れず、笑顔を忘れないところが私は大好きだ。一人ひとりの人生という物語の中で、マザーハウスで働き、成長を重ねることが、会社にとっても彼らにとっても、新たな物語の1ページとなってくれることを願っている。

「チームマザーハウス」のみんな

やりたいことが分からない人へ

途上国と先進国を行ったり来たりしながら、私はそれぞれが持ついいところと悪いところの両方をいつも感じている。

途上国での暮らしが1年のうちの6〜7割を占めている事実は大きいと思う。そうなると、日本にいられるだけで幸せを感じられたりする。

たとえば、途上国での生活に慣れた私には、エアコンが効いた静かな空間にいられるだけで幸せだし、日本語で楽しく会話できるだけでも幸せだったりする。銃撃戦やテロ、道路封鎖、ストライキ……さまざまな場面に遭遇し、その中で生活をしていると、「生きている」ってことだけで、大きな感謝を抱かずにはいられない。

日本という国は、恵まれすぎている。

あちこち周囲を警戒しながら道を歩かなくていいだけでも、どんなに素晴らしいか。私はそういう意味で、途上国にたくさんのことを教えてもらった。自分がいかに幸せな人間かということ。帰る場所があるんだってこと。

だからこそ、本当にできる限りの力で夢を実現する責任があるんだって思う。

その一方で、今の日本には、「ないもの」を願い、それを求めている人たちが多い。物事をネガティブに考えすぎ、巨大な悲愴感を抱いている。

「でも……」

「所詮……」

「私なんて……」

一体これらの言葉から何が生まれると言うんだろう。大切なのは、自分自身の可能性を常にオープンにしておき、チャンスがきたらいつでも出発できる準備をしておくことだと思う。

「自分にはできない」

そう言ってしまうのは簡単だが、その言葉とともに多くの可能性が閉じ、その後の人生の選択肢を極端に狭めてしまっている。その事実にどれだけの人が気づいているだろうか。

また、「自己実現」という言葉が出てくるとき、よく耳にするのが、

「でも、自分のやりたいことがまだ見つかっていない」

という言葉である。

講演などをすると、特に大学生の人たちがそうつぶやくのをよく聞く。その裏にあるのは、「あなたはやりたいことが見つかっていてうらやましい」、という気持ちだろうが、それはちょっと違うと思う。人間、最初から自分に与えられた使命、そして、自らが突き動かされる使命を持って生まれてくるわけではない。

人生とは、私はまさにその使命を探すための長い道のりなんじゃないかと思う。

私自身、いつだって迷っている。

マザーハウスという会社を創り、今こうして途上国で人生を過ごしているのを天職だと言われるが、私はこのプロセスの中でも、常に自分自身がやるべきこととは何なのか自問自答している。経営者、デザイナー、一人の女性として。

そして、このマザーハウスというビジネスさえも、私には荷が重すぎる使命なんだと肩を落とし、途方に暮れる時がある。また一方では、マザーハウスは本当の使命に気づくための序章に過ぎないのかもしれないと思う時もある。

自分が本当にやりたいことなんて、そう簡単には分からない。周囲からの情報や周囲の視線を断ち切らないと、心の底にある声にも気がつかないことが多い。まして日本に住んでいれば、そこらじゅうに情報や誘惑があふれ、また、仕事をしていれば多くの時間もない。

私の場合、大学院生時代の2年間、とことん悩み、「自分」と向き合った結果、「かわいいものを作るんだ」と自分の夢を描けるようになった。でも、この仕事を始めて1年くらいまではまわりの目が気になった。

「大学の時、同学年だったみんなは今頃何しているんだろう……」とか、「両親はどう思っているんだろう……」とか、「バングラデシュの大学院卒業なんて誰が評価してくれるんだろう……」とか。

そして、気がつけば帰りたい、帰りたいと思うばかりだった。そのたびに「じゃあどうして来たんだよ」という叱咤の言葉が、自分の中から生まれる。

私は、先進国からの援助のお金が、どこにどう使われているのか知りたかったし、もっとバングラデシュという国について知りたかった。しかし、この国には問題がありすぎて、それが絡まり合い、一人の人間にできることなどたかが知れているという絶望感の中で、自分はいったい何がしたいのか本気で分からなかった。

しかし、分からないからこそ、考えた。

考えて考えて考えて考えた。

私は頭はよくない。だからもっと考えた。一人ダッカのアパートで体育座りしながら、ボーッと考えた時間はどれくらい長かっただろうか。それは苦痛としか言いようがないプロセスだった。それを1年以上続け、ようやく見つけたスタート地点。

だから、簡単にやりたいことなんて見つからない。

自分で向き合う努力をしないで、「やりたいことがわからない」と言われても、「考えて」としか言いようがない。見つかるまで考えたらいい、としか言えない。

そして、会社を作ってからも、本当に正しいか、なんて分からない。ただ間違っていたら、すぐにまたやり直せばいいさ、と思っている。そして、次どうするか、ということを常に考え続け、探し続けている。

人生はそんな繰り返しなのだろうとも思う。環境が変わり、自分自身が成長したら、また違うことを思ったり考えたりするのだろう。そうやって、次の「章」へと進んでいくものなのだろう。

人生とは、やりたいことや自分が幸福だと思うものを探し求め、やってみて、違ったらまた探し、見つける。そんなプロセスそのものだと、私は思う。

「資本主義」をポジティブにとらえる

資本主義について考えたのは大学時代だったと思う。

考えたといっても、マルクスの本などを読んで、難しいなぁ……と思ったくらいなのだが、ビジネスを始めて改めて考えることがたびたびある。

それはどんな時かというと、お客様がバッグを買って、「これで明日から頑張れます！」と言ってくれたとき。あるいは、タクシーの運転手さんが、「海外出張、頑張ってきてください！　運賃おまけしておきますから！」と言ってくれたとき。

日常生活の中で、「お金」の価値について考えさせられるのだ。

バッグには例えば1万円という「価格」がある。

しかし、その対価として人間が感じるのは、バッグという商品の持つデザインや機能性だけだろうか。少なくとも一部のマザーハウスのお客様は違うと思う。

そうでなければ、どうしてバッグを買っただけで、心温まる応援のメッセージを何枚も手書きでつづってくれるだろうか。

バッグを買って頑張ろうと思うとは、一体どういうことなのか。

私自身、先ほどのタクシーの運転手さんから受け取ったのは、単なる移動の便や、電車で要する時間や体力の節約だけではない。笑顔で「頑張って」と言ってもらえて、心が豊かになったと同時に、力をもらえた。

マザーハウスは、ストーリーとモノをセットで売っている。前者はお金には換算できない。けれど間違いなく、これがマザーハウスの競争力の源泉だ。

こうした貨幣以外の価値について、人間は敏感になり始めていると私は感じる。

いわゆるCSR——企業の社会的責任、あるいは人のために。そんな言葉を中心に就職活動をする学生さんたちに出会う機会が多く、人間の幸福の軸が変化しつつあるのを感じる。それは日本のように経済的発展を見事に成し遂げた先に、貨幣だけでは実は満足しない何かがあるからではないか。大学時代に大都会で暮らしたのに、農業を就職先に選ぶ学生が多くいるのもうなずける。

これが「事実」であり、「仮」の話ではないところに、この動きの力を感じずにはいられない。

それでは経済的な成功を遂げた人間でも、なぜ世界を空虚に感じる時があるのだろうか。それは人間にとって、お金よりも大事なものがあるからだ。

私はそれを「存在意義」、つまり「愛」だと思っている。

人間は常に、「なぜ自分は生きているのか」と生きる意味を探し続ける動物だと私は思っている。その存在意義を最も強く感じるのが他者から愛されている、必要とされていると感じる時だ。だから、労働者として、社会のために、人のためになる仕事を求め、ライフワークとしたいと思うのは十分にうなずける。

では消費者としてはどうだろうか。

ただ金額が高いものを買えば、それに比例した満足が得られるという時代は終わり、消費者はより「自分らしい」ものを探し、買うことで「金額には反映されない価値」を求め始めたのだと思う。

消費者の需要を喚起するブランドとは、いったいどういうものだろうか。

お客様によく言われることがある。

「バッグはたくさん見てきたけれど、そのバッグを買うことの深い意味を人に語れるバッグがほしくて」

市場は成熟し、バッグのマーケットは明らかに供給過多である。その中で、ブランドとして差別化を図っていくには、作る過程そのものから、新しいことにチャレンジしていかなければならない。

ストーリーを作るのは、新しいバッグの形を作るよりも、数百倍もの時間がかかる作業だが、長期的には必ずブランドを支える要素になると信じている。

意味があるプロセスを経て作られているものはたくさんあるが、日本では「フェアトレード」という考えもその一つかもしれない。

途上国で生産し、それを販売しているという意味では同じだが、フェアトレード商品を買うことは、どこかボランティアをしているときの感覚に近い。かわいそうな人がいるから、何か役に立てばと思い購入する。

しかし、「それって続くのかな」と私は思ってしまう。

私はむしろ、競争力のある商品を作りたいと思うし、実際に小田急百貨店の店舗では、多くの「通りすがり」のお客様がマザーハウスのストーリーを知ることなしに購入してくださっている。あとから、「バッグを買って、初めてバングラデシュという国を知りました」と言ってくださる方がいる。本当にうれしい。

重要なのは、途上国のために購入するというアプローチではなく、「かわいいものがほしい」「かっこいいものがいい」という人間の普通の〝欲求〟と真正面から向かい合い、満足度を満たすプロダクトを作りながら、実は確実に途上国の雇用を増やし、社会の利益とつながっている仕事をすることだと思う。

欲望自体を悪者と見る従来の資本主義を敵視した考えに私は賛同できない。理由は簡単で、自分自身が欲望を持った人間だからだ。私はマザー・テレサでもなければ、「いい人」でもない。そんな開き直りの先に、資本主義をもう一度ポジティブに塗り替えるという視点に立脚し、マザーハウスにたどり着いた。

何百年かかるんだよ、と笑われてしまいそうだが、これまで本に書いてきた小さな人間の小さな会社の物語には、実はこんな哲学的背景があることを知ってもらえたら光栄である。

H・I・S・のバングラデシュ・ツアー

２００９年は、他社とのコラボレーションに力を入れ、マザーハウスが企業としての広がりを見せはじめた年だった。

私たちもまた、他社から学べることは大いに学んでいこうと思っていた。

そんな矢先に、旅行会社大手のＨ・Ｉ・Ｓ・から「バングラデシュのツアー」の企画を提案された。

実はこの企画、起業した当初に山崎が考案していたものでもあった。

今、おカネやモノだけが、国境を越えて活発に移動しているように思う。しかし、人だけがまだ十分に動いていない。それが外国に対して間違ったイメージや先入観を作り上げてしまっている原因なのではないか。

そうした問題意識から、会社設立当初こんなふうに語っていたものだ。

「いつかお客様がバングラデシュを訪問してくれたらいいね。

その時はきれいな工場で、将来は美術館みたいに自前工場の歴史などが写真で展示されていたら本当に面白いね！」

もちろん美術館とまではいかなかったが、これが現実のものとなったのだ。

2008年の年末、H.I.S.の執行役員であるボビー・A・ハックさんという人が、戸越の店舗に奥様とお子さんを連れて遊びにきた。

その日はちょうど、私が店舗に立つことをホームページで告知していたこともあって、店舗内は非常に混雑していた。そのため、ボビーさんとはゆっくり話すことはできなかったが、私の印象に強く残ったのは、その人がベンガル人（ベンガル語を母国語とする、バングラデシュ、インド西ベンガル州など、ベンガル湾周辺に暮らす民族）だったからだ。

「妻が本を読んで感動しちゃって。すごいね！　頭下がりますよ」

とその人は流暢な日本語で言ったのだ。

ベンガル人で日本語を話せる人は当然いるが、少ない。しかも、その多くがいい加減な日本語で、ベンガル人特有のアクセントがある。

しかし、彼は敬語までうまく使いこなした。ましてや名刺にはH.I.S.の執行役員と書いてあるではないか。

彼と再び会うことになるまで、それほどの時間を要しなかった。

「どうもどうも」

これまた日本人らしい発音だった。

「いやー、実はね、『情熱大陸』を見たうちの奥さんから〝山口さんはこんなにバングラデシュのために頑張っているのに、あなたは何やっているの!〟って言われちゃって!」

そう言って、H.I.S.の取締役の人と一緒に、入谷店に来てくれたのである。

「僕はね、バングラデシュにH.I.S.の支店を作るのが夢なんです。いきなり支店は無理だから、マザーハウスさんに協力してもらって、初めてのツアーを組んでみたいと思っているんです」

「バングラデシュ・ツアーー!」

ボビーさん、そして取締役相談役の行方《なめかた》一正さんとはとても話が合い、

「じゃあ、ターゲットは3月にしましょう」

と最初の会議で日程まで決まってしまった。

とはいえ、もうあと3ヵ月しかない。

「じゃあ、マザーハウスの方で企画を考えます。なるべく早く提出します」

スタッフの迫俊亮をこの企画の担当に据えた。

「迫君、これ頼むね。何か考えておいて」

「はい」

その日は、クリスマスイブだったにもかかわらず、迫は事務所で徹夜をした。その後、H.I.S.の本部にも何度か行き、細かい打ち合わせは迫とH.I.S.の担当者が頑張り、いよいよ告知が始まった。

「H.I.S.とツアーなんてすごい！」

「初めてのバングラデシュ・ツアーですね！」

「会社さえ休みとれたら行きます！」

お客様からいろんな反応があった。

途上国のツアーといえば、NGOの「スタディ・ツアー」くらいしかない。しかも、たいていはめちゃくちゃ高い値段だ。しかし、私たちは1週間のツアーで18万8000円という値段に収めた。

ツアーのコンテンツにもこだわった。

「バングラデシュで作る、エコバッグ体験！」

だった。

マトリゴールという自前工場を最大の強みとして生かし、単なる〝見学ツアー〟ではなく、途上国の人たちから「何かを教わる」ツアーにしよう、というのが迫の提案した企画だった。

本来なら、先進国の人間は、途上国に技術などを教える立場に立ちたがるが、その発想を逆転した。

「いいね！　迫君！　プレゼン頼むね」

迫にとっては人生初の社外向けプレゼンが、H．I．S．の取締役相手となってしまったのである。

企画をプレゼンする日、迫が緊張していることが表情からも見てとれ、とても応援したくなった。

しかし、迫は一人で頑張った。そしてボビーさんが、

「いいですね！」

企画が通ったのだ！

（マジで……。このスピード感、H．I．S．のノリって、マザーハウスと似ている……）

「うち、ベンチャーだからさ！　スピードが勝負なんだよね！」

ボビーさんはまたノリノリだった。

そして、2009年3月上旬。マトリゴールでも徐々に受け入れ態勢の準備をしながら告知が始まった。

通常は、告知に半年くらいはかけるものだが、「スピードが勝負！」というHISとマザーハウスが組んだからには、半年などと言えるはずもなく、わずか1ヵ月の告知で申し込みがすぐに入り、申し込みは締め切られた。

そして、2009年3月30日。バングラデシュ・ツアーの日が来た。

「来たぞ、来たぞ！」

マトリゴールの工場のベランダから、マムンが叫んだ。

最初のツアー一陣が、大型バスに乗って自前工場にやってきた。

「みんな、整列して！」

工員たちは前の晩から眠れなかったらしい。それはうれしいからではなく、緊張していたからだ。

「みんな、ひと言ずつちゃんと自己紹介するんだよ」

前の日に私がそう言ってからは、みんな「どうしよう、どうしよう」モードなのだった。当日は緊張のピーク。朝から工場内がシーンと静まり返っていた。

「おいおい、ハシナ、サレハ、笑って笑って！　からだ固いよ〜どうしたの！」

冗談っぽくみんなに言うと、サレハが本気で、

「マダム、本番でもそういうふうにしてね。すごく助かるから」

と言った。

そんな真剣な顔のサレハを見たのは初めてだった。

さて、ついに到着した日本からのツアーのみなさんが、工場に上がる。

「アッサラームアライクム！（みなさんの上に平安がありますように）」

工員たちが挨拶をする。

「ワライクムアッサラーム」

日本人の皆さんが挨拶を返す。

「さあ、それではみなさん椅子にお座りください」

司会上手な山崎が仕切り、モインとマムンが挨拶をした。

この2人の緊張は、私には他人事ではないほどだった。モインなど紙に話す内容をすべてメモしている。

モインのスピーチは、いかにもモインらしいなあと思った。バングラデシュの国の概要から始まり、マトリゴールの労働環境などを丁寧に説明した上で、「もっといい品質のバッグを作るために、もっと大きな工場にしたい」と締めくくってくれた。

そして、ついに工員たちの自己紹介が始まった。

「さあ、並んで！」

みんなモジモジした様子で大変だった。

「じゃあ入社した順から行なおうか。ではサレハ！」

よりによって、一番緊張している彼女がトップバッターだ。

（サレハ、大丈夫だよ。名前から言うんだよ）

（うん、分かったよ。マダム）

「私の名前はサレハと言います。縫製をしたり、革を剝いだりもできますが、主に私の仕事はテーブルワークといって、のり付けをしたり、革を折ったり、仕上げをすることです」

（いいよ、その調子！）

「私は、マトリゴールが大好きです。家族のように接してくれるから……。問題があればマダムやモインさん、マムンさん、みんなに話せばいい。それは家族のことでもそう。みんな相談にのってくれるんです」

聞きながら、へえ、そんなふうに思っているんだー、としみじみしてしまった。

「次、ハシナだよ」

ハシナは練習ではうまく話せたのに、本番では緊張してうまく話せなかった。けれど、「マトリゴールで死ぬまで働きたいと思っています」と言ってくれた。私は涙が出そうになった。

そして、新しく入ったモルシェドになった。

「僕の仕事はマダムのデザインを受けて、それをサンプルに仕上げ、生産フロアに流すことです。時々何度も修正がありますが、ファイナルサンプルを形にすることが僕の仕事です」

彼らしい堂々とした姿に安心した。みんながあまりにも緊張しているので、通訳している私の方が疲れてしまうくらいだった。「もう早く終わってくれー」と思っていたら、モルシェドが続けた。

「マトリゴールは他の工場と違う。だって毎月25日にお給料が払われるんだ」

日本のお客さんがここでどっと笑った。

「僕が昔働いていた工場なんて、いつもきちんと払われなかった。30日になることもあれば、翌月になることもあった。

ひどいときは、翌月の15日になることもあった。そうなると、家賃や家族のことが本当に大変だった。今まではずっとそうだった。だから、今ちゃんとお給料がもらえるから、離れて暮らしていた家族をダッカの市内に呼んで一緒に暮らそうと思っているんだ」

この言葉を聞いて、また泣きそうになった。

バングラデシュの劣悪な工場環境は、見た目だけではない。工員たちのマネジメントも、まさに奴隷のようだった。

工員たちがそんなふうに思っていてくれたのはうれしかった。難しい理念や社会的意義なんて分からなくてもいい。「マザーハウス」という社名の意味である「安心できる場所」が、こうして現実のものとなっているのが、工員たちの感想から分かってうれしかった。

その後、日本人のツアー客と工員たちの楽しい質疑応答の時間もあり、翌日にはツアー客と私たちが一緒にデザインしたエコバッグが完成した。

「マダムー、日本人のお客様、今度はいつ来るの?」

ツアーは、工員たちにとっても楽しい思い出となったようだ。自分たちの工場が、他の工場とは違うということも肌で感じてくれたようだった。

「もっといい品質のバッグを(日本のみんなのために)作らなきゃいけないんだ」

その後のシップメント(出荷)の会議で、工員たちがそう話し合っているのを見て、私はまた泣きそうになった。

そんな私たちの聖地、バングラデシュのスタッフの成長は、次なる新しい使命を私

HISのツアーの参加者のみなさんとマトリゴールのスタッフたち

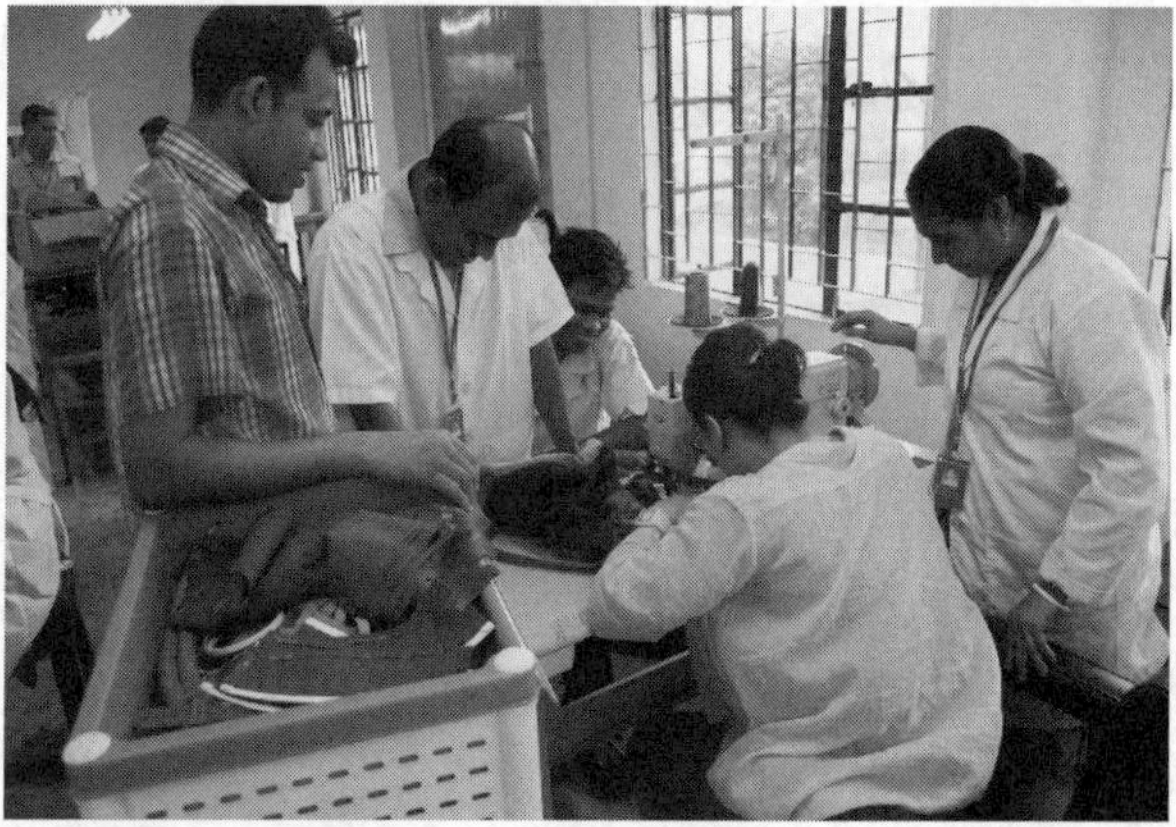

現地スタッフの指導のもと、実際にエコバッグを作る体験も

にくれた。
それは第2の国、新規生産拠点の開拓だった。

第4章

そして第2の国
ネパールへ

ネパールへの旅立ち

ネパール!?

「マザーハウスは途上国から世界に通用するブランドをつくる会社です」

私は、取材を受けるたびにそう答えていた。

バングラデシュの他にも将来、世界中の途上国にプロダクションセンターを作りたいというイメージがあったからだが、それは文字どおり私の頭の中にあるイメージにすぎなかった。

最初の国バングラデシュで幾度となく試練が訪れ、ベンチャーらしい多忙な毎日に追われるうちに、ズルズルと第2の生産地開拓をできないままでいた。

そうした現状に一番悔しさを感じていたのは私自身だった。

しかし、もう2008年も後半である。

「こんなんじゃだめだ」

そんな気持ちが、やはり抑えきれなかったある日、一人のインド人からメールをもらった。

「『ビジネスウィーク』（アメリカのビジネス雑誌）に出ていたマザーハウスの記事を読みました。何かサポートできないだろうか」

というメールだった。

すぐその人に電話をかけてみると、流暢な英語で、インド人らしい発音と早口。私は大学院時代、バングラデシュの日系企業でインターンをしていた時、何度も現地のスタッフから「インド人はやりづらい」と聞いていたので、慎重に電話でいろいろな質問をしてみた。

聞くと、レザーのバッグをインドで手がけているが、主にバイヤーと工場の間でコーディネーション業務をしているという。

「他の生産地は？」

という私の質問に対して、

「実際に取引をしているのはスリランカ、バングラデシュ、もちろんインドと、ネパールとか。アジアのことならある程度わかる」

と言った。

「なるほど。少し考えてみます」

私は、アジアの国を改めて調べてみることにした。どこもバングラデシュとは違う文化、環境、産業である。そんな中、バングラデシュで生活をしながら最もなじみがあったのは、隣の国のネパールだった。

私は大学院生の時、ネパールに一度行ったことがある。しかも、バングラデシュからバスで——。国境を陸路で越えたという話をすると、みんなに「お前はなんてバカなんだ」と言われる。最も危ない行為だと指摘された。

確かに、当時は何も知らない私だった。

夜行バスで何時間もかけて国境近くまで行く間、眠いのに怖さから一睡もできなかった。まわりはもちろん全員ベンガル人。しかも、出稼ぎか密輸をしているような雰囲気。とても裕福そうには見えない男性ばかりだった。

途中、野次り合いがあったり、痴漢をされたりしながら、早朝8時くらいにインドを越え、ネパールに入った。

その時バングラデシュとはまったく違う、どこか親近感のある顔をしたネパール人の印象だけが思い出に強く残っている。

「ネパールかあ……」

バングラデシュに近いといっても、まずネパールはヒンドゥー教徒が多く、人口は約2600万人。こんな仕事をしていると、いつも人口に目がいってしまう。なぜなら、途上国の成長を支えるのは労働力だからだ。その数が少なければ、産業は細々とした観光産業か、工業はあっても手工芸品程度というイメージがある。

性格上、考えるよりまず行動。

次に調べたのは、バングラデシュから最短でどれくらいで行けるかだ。なんと飛行機で約1時間程度だという。

「なんだ。そんなに近いなら今度行ってみよう」

そう思って、私はチケットを取り、電話で話したバサンというインド人ともそこで落ち合う手はずを整えた。

「じゃあ空港で待っている」

バサンと名乗るそのインド人の言葉を半信半疑で受け止めながら、ネパールの首都・カトマンズに到着した。

最初のトラブルは、バングラデシュからの飛行機の遅延だった。

「さすが、バングラデシュ……」

と思っていると、ネパールでの何とも遅い入国審査。

「ネパールも同じか……」

予定より3時間も遅れて到着した。ネパールの空港は、バングラデシュの空港よりずっと狭かった。

「(かなり遅れたので)バサンさんはいないだろうな」

八割方そう思ってゲートの外に出ると、白い紙に「Eriko Motherhouse」と書かれている。

しかし、それを持って立っていたのは、100キロ以上あるんじゃないかと思えるような巨体に、黒いチョッキ、そして、頭には黒いサングラスの男。

(う……まさかあれがバサン……。怪しい、怪しすぎる!)

心でそう思いながらも「ハロー!」と満面の笑みで自己紹介する。

(この人についていっても大丈夫だろうか……)

バサンは、笑みを浮かべずに「車に荷物を入れて」、無愛想に言った。

運転席には、インド人なのかネパール人なのか見当がつかない、黒いサングラスのやせた男性が座っていた。

(怪しい!)

そう思いながらも、結局乗ることにした。

(落ち着け! 自分)

「バサンさん。遅れて本当にごめんなさい」

「バングラデシュからの飛行機の遅延なんて、当たり前さ」

「そう、そうですね。今日の予定は?」

「とりあえずホテルに送るよ。えーっと、ロビーで話し合おう」

「分かりました」

車が本当にホテルに向かってくれることを祈った。間もなく「エベレストホテル」に到着した。

(ほっ……)

ロビーにつくと、バサンは改めて自己紹介をしてくれた。

私も事前に少しだが調べてあった素材のリストや、商品群を見せ合う。

マザーハウスの商品開発は、まず素材から入る。なぜなら、その国にしかできないこと、つまり「オンリーワン」を探し求める旅こそが、マザーハウスの理念に即した活動だからだ。

「ウール、シルク、フェルト……結構たくさんあるみたいだけど」

「商品としては、どういったものを見たいのか？」

バサンがたずねるので、

「そうですね。まずはやっぱりバッグかな。それからそのまわりの服飾雑貨系を」

「分かった。評判のいい供給先をピックアップする。明日はまずバッグ工場に行ってみよう」

「分かりました」

きつねにつままれた気持ちはまだ抜けず、翌朝。

時間きっちりに、バサンは昨日の黒いサングラスの運転手をともなって現れた。

「カトマンズにあるバッグ工場へ行ってみよう」

ネパールの大きな問題は、選択肢が限られていることにある。バングラデシュではバッグ工場は20社以上あるが、ネパールにはわずか2社しかない。1社目は、とてもマネジメントの評判が悪く事実倒産の危機に陥っていた。

ネパール進出をサポートしてくれた頼もしいインド人のバサン

ネパールの街。平日なのにシャッターが閉まっている店が多い

お店の上に工房があるらしい。まずはお店を見てみたが、「うーん」とうなってしまうような雑な品質とデザインだった。

バッグを見れば、その国のもの作りの質がある程度は分かる。縫製は正直バングラデシュのほうがうまい。革のなめしの質もそうだった。そして、時おりテキスタイルの生地を使って刺繍をしてあるが、それも「なんでこんなセンスなんだろう……」と思ってしまうものばかりだった。

残る1社はどういった工場だろうか。

「こんにちは」

工場の社長さんが出てきた。その人は、今後深く関わることになる、ビルマニというかなり腕のいいバッグ職人でもある男だ。

「上に案内するよ」

ビルマニ工場の階段を上ると、なんとも古くて小さい、工場というよりも、工房が現れた。そこで働いている男性たちは、古いミシンと工具でゆっくり革のバッグを作っていた。ミシンは一目見ただけで、これだといいものは作れないな、と思った。工具もさびが目立って、危ないことこの上ない。

「パターン（バッグの型紙）を見せて」

そう言って出されたのは、真ん中で折るとまったく左右対称ではない型紙だった。

（うーん、バッグに関しては、バングラデシュのほうがポテンシャルがあるなー）

それが第一印象だった。

ただ違うのは人だ。私がパターンのことを指摘した時の反応が、あまり反応を示さないバングラデシュの人たちとはまったく違う。

ビルマニは、うん、うんと深くうなずいて、そうですよね。直しますと言う。びっくりした。

少し日本人と話している感覚に近い。

（ビルマニさんは、いい人なんだろうなぁ……）

話をする中で、すごく「頑張りたい！　なんとか仕事を作りたい」という思いが、ひしひしと感じられた。

しかし、外国へ商品を輸出しているわけでもなく、現地の人向けに1個か2個が売れる日もあれば売れない日もあるという感じだった。

寂しいビジネスではあるが、初日のビルマニは終始笑顔で、とても気持ちのいい対応をしてくれた。

次の日、パシュミナの工場に向かった。

「パシュミナ？　パシュミナってカシミアとは違うの？」

そんな事前知識なしで訪れた工場だった。

「わー。きれい」

ショールームは、パシュミナ製のストールやマフラーでいっぱいだった。

「すみません。パシュミナって何ですか？」

私がたずねると、

「カシミヤよりも質のいいランクの羊毛がパシュミナで、羊のお腹の部分の毛です。これが一番いいパシュミナです。ヒマラヤ付近で取れた最高のパシュミナです」

そういって見せてくれたのは、確かにふわふわ、さらさらのストールだった。

「わぁ、すごい！　これがネパールでできるなんてすごいよ！」

思わずうれしくなって飛び上がってしまった。

ネパールの素材を探すヒントを得るため街を散策

ネパールでのビジネスに備え、ネパール語を必死で学ぶ

こんなに早く、こんなに素敵な素材に出会えるなんて！

正直、パシュミナという言葉は聞いたことがあったが、カシミヤよりランクが高いなんて知らなかったし、それがネパールの素材だとしたら申し分ない。

私は興奮状態のまま、

「よし、絶対これでネパールでやるぞ！　次はストールだ！」

そう意気込んで、日本のオフィスにいい報告ができると思った。

1回目の視察はこんな感じで、いい人との出会い、そして、いい素材との出会いがあり、終わったのだった。

ネパールの混乱した現実

その直後私は、日本に帰国した。

「後藤さん、これね、ネパールのパシュミナっていう最高の素材らしいんだ！　すごいでしょう！」

「確かにさわり心地いいですね。一応試験に出しておきますね」

「うん、よろしく♪」

それから数日後。オフィスで後藤が言う。

「品質結果出ました」

「あぁ、ネパールのか。すっかり忘れていた。ふむふむ……。ゲゲゲ！　これ18パーセントしかパシュミナ入ってないじゃん!?」

「そうなんです。こっちも50パーセント未満でした。すごいバラツキがある上に、入っているはずないウールまで混ざってました……」

（がーん……）

そして、年が明け２００９年2月。私は再びネパールに行くことになった。

今回は前と違って、このパシュミナ工場と議論しなければならない。さらにダメだった時はまたゼロからの素材探しとあって、重たい足どりでネパールに向かった。

しかし、状況はさらに悪かった。

まず国全体の情勢が非常に悪い。

たとえば、一日のうち、電気が利用できるのは、せいぜい6時間。あとの18時間は停電だ。インドからの電力供給が政治問題で滞っており、通常どおり復旧するには2年くらいかかるんじゃないか、ともいわれた。

そして、もう一つは、ネパール共産党毛沢東主義派と呼ばれる反政府組織が起こしている労働問題だ。

ネパール語で「バンダ」と呼ばれるストライキが街中で頻繁に行われており、会社や商店が営業を停止してしまうほか、交通機関もストップしてしまう。営業していると、石を投げ込まれたり、報復される恐れがあるため、休まざるをえないのだ。さらに、道路のいたるところに障害物やバリケードを築いて通行を妨害するなど、道路封鎖が行われ、市民生活が完全にマヒしてしまう。

いったい、誰が何のために誰に向かってストを起こしているのかまったく分からない。そんなことがこの国では日常となっているようだ。

政府はというと、「この国には政府は存在しない」といった状況だ。2008年8月には、毛沢東主義派議長のプラチャンダが首相となり、マオイスト主導による内閣ができたが、議会でマジョリティを占めているわけではない。党派対立が絶えず、国王・議会・マオイスト、三つ巴による混乱状態が続いている。

一方、観光産業はどうなっているだろうか。

ネパールの北部は、最高峰のエベレストをはじめ、8000メートル級のヒマラヤ山脈が林立する高山地帯である。そのため昔も今も、多くの登山家や観光客を引きつけ、観光はこの国にとって重要な外貨獲得の手段である。

しかし、観光業に従事する人に聞いてみたところ、

「観光観光っていうけれど、データを見ると、ここ数年まったく伸びていないよ。ここにくる旅行客は、お金なんか落としゃしない。貧乏なツアー客が来て、それで終わりさ。5つ星ホテルを見てみなよ。どこもガラガラじゃないか」

マオイストが武装蜂起した1996年以降、国内の治安は急速に悪化し、主要産業である観光にも深刻な影響を与えているのだ。


「あなたは自分の国が好きですか?」

という問いを何人かの人に投げかけてみた。

少し笑顔を浮かべて、数秒沈黙する。真っ向からの答えはなかなか返ってこない。

「うちの娘はオーストラリアに行くんだ」

バッグ工場の社長ビルマニはそう言って話をそらした。正直な気持ちは言えないのか。そこで、ビルマニの娘さんと会ってみた。

「オーストラリアに留学するのよ」

ものすごい笑顔でそう答える。

街にある旅行会社の前にも、たくさんの人がいる。

「みんな海外に行くんだよ。飛行機はどの路線もいっぱいだ」

娘さんを海外に留学させるビルマニのバッグ工場では、先月まで給料は2000RS（ネパール・ルピー）だったのだが、いきなり労働者が10000RSを出せ、と要求してきた。出さないとお前の会社をぶっ潰すと言うのだそうだ。その通り月給を出さなければ工場はすぐに閉鎖される。事実私が1度目の視察で訪れた工場の多くは、すでに閉鎖していた。

ただ、閉鎖できるのはまだいいほうだということを知った。労働者の言いなりになるマネジメントが多く、要求されたように賃金を支払えば、お金が底をつく。しかし、会社をつぶしたくても、銀行から借り入れをしている以上、会社をつぶすことができない。

「もしつぶしたら銀行に殺される」

結局、毎日工場に来ては、労働者に言われるままに仕事をしている。だから、せめて家族は海外に行かせるが、自分はここを離れられない……。


バサンがなめし工場に行ったときの話だ。

突然一人の工員が、

「やめだ。もう終わりだ」

そう言った。そして工員は、

「ボスはどこだ？」

と叫ぶ。

すると工員によるストが起きた。なめし工場のボスは、あわてて政府や役所に連絡をし、警察を呼ぶように頼む。しかし、警察から返ってきた答えは、

「ボスであるお前の問題だ。私たちは何もできない」

5つ星のホテルでもまったく電気がこない。水は麦茶のような色をしている。

ビジネスをしている人たちの先行きは本当に暗い。いつ工場がなくなるかも分からない。そして、お金もない。

ビルマニの娘さんの結婚式に呼ばれたので行ってみた。ビルマニ工場の暗い実情とは裏腹に最高の笑顔で迎えてくれた。

私が驚いたのは、このような現実があり、国の危機であるにもかかわらず、この国の人たちはまったく危機感がないことだ。マオイストに襲撃される恐怖から、変化を起こそうと立ち上がる人も出てこない。

メディアは完全に統制されている。このような危機であるにもかかわらず、新聞の1面にはトップスターの記事などがおどっている。

日本やバングラデシュにいても、この国の実情が報じられることはほとんどない。旅行者として街を歩いただけでは知ることのできない本当の姿。

平日なのにお店のほとんどは閉まっている。それでも、楽しそうに散歩をする人たちも存在する。

私は、ネパールは美しい国だし、みんな平和そうな顔をしているし、バングラより多少発展もしているから、ビジネスを立ち上げるのは、そう難しくないだろうと思っていた。１回目の視察を終えた段階でもそう思っていた。しかし、今回の出張で明らかになった現実を前に、いろいろなことを考えるようになった。

国の発展とはなんだろうか。外国人である私が、危機感を抱いているのに、その思いをこの国の人たちと共有できない。

「誰かが変えなきゃいけないでしょう？　どうするの？　一体どうなるの？　何か方法はないの？　どう思うの？」

私がそういって問い詰めると、

「多分君が、この国で一番僕らの国のことを考えようとしているよ」

と笑われた。

悲しみや怒り、憤り、そして強い違和感がある。マオイストに襲撃され、共産主義に染まり、それで幸せになれるならそれでもいいと思う。

しかし、現実には、目の前になす術をなくしている人たちがいて、逃げるように工場を後にする人たちもいる……。

この国に希望はないのだろうか。

何ができるのだろうか。

観光に依存した経済状況では、経済全体が崩壊しかねない。マオイストがいったいどこまで何をやるのか。この国の人たちは、ただそれを何もできずに見ているだけだ。

私は私の哲学に固執したい

どうしたらいいんだろう。

そんな時、パシュミナの工場とのやりとりや議論を通じて、徐々に分かってきたことがあった。

私が、「原材料の供給先を自分の目で確かめなければ納得できない」と政府関係者に交渉したところ、中国人ブローカーの存在が浮かび上がってきたのだ。

ネパールにあるパシュミナは、ほぼ１００パーセント中国で採れた原材料を使用している。

中国人がネパールの首都・カトマンズに原材料を供給する際、パシュミナにウールやシルクを混ぜて偽っている。カトマンズにある工場では、そのラベルを信じて、ただそれを販売しているだけだという現実があるのを確認した。そうして原材料をこの目で見たいと訴えると、身の危険があるからと、止められる始末だった。

政情が不安定な上に、ネパールには素材もない。

しかし、パシュミナについての事実を知ってしまった以上、この国の絶望的な運命が気になって、私の心の中に芽生えた強いジレンマは消えなかった。

こんなときに限って、日本に電話が通じない。神様が「自分で考えろ」と言っているのだなと思った。

私は何のためにマザーハウスを立ち上げたんだろうか。バングラデシュ以上に問題だらけで、それが表面上には現れてこないこの国。調べてみると、どの素材もすべて海外から来ているものだった。

だったら、この国はどうやって発展するのだろうか。政府の人が、工場のボスを見放したように、私もネパールを見放すのだろうか。しかも、100パーセントネパール産の素材が手に入らないから、というビジネス上の理由を言い訳にして、私はこの国を去るのだろうか。

バサンもこの国でやるのはやめたほうがいいと言った。バサンだけでなく、みんなそう言った。ビジネスマンとしての決断をするべきだと私を促す。

分かっている。ビジネスが第一だということは。

でも、本当にそれだけなんだろうか。

ビジネス的にリスクがありすぎる国なのは分かっている。しかし、バングラデシュだってそうだった。非常事態宣言の時、テロの時、それでもバッグを作り続けた自分がいた。なのに、今の私は、そんな自分は過去の自分、会社は大きくなったんだし、もう自分だけのものじゃない、というもっともらしい理由を言い訳にして、この国を去ろうとする。

この国に希望の光はない。この国には問題がありすぎるから、去る。

しかし、そんな常識的な決断にはためらいがあった。「私自身の人生を賭けて、本当の気持ちはどうなの?」と自分の胸に問いただしてみた。

どこまで自分を押し殺し、どこまでビジネスライクな判断を優先させればいいのだろうか。それよりなにより、この国の人たちはどうなってしまうんだろうか。

この国の現実を知った以上、私も少なからずこの国の問題に立ち向かいたいと思っ

太陽の光に輝くエベレスト

ゴミを漁る子どもたち。エベレストのイメージとかけ離れた風景だ

てしまうのは、子どもじみた勝手な思いなのだろうか。

しかし、マザーハウスが大事にしたい哲学とは、こういう国の現実にたち向かうことなんじゃないのか。

だからこそ、今のマザーハウスができたんじゃないのか。

哲学、哲学。いつもそんなふうにスタッフには話してきた。しかし、哲学を行動に移す私自身が、今その哲学を手放そうとしている気がしてならない。自分自身に嘘をついちゃいけない。

それが私の生き方だったのではなかったか。たとえこの国で素材が手に入らなかったとしても、手作業や織り方のパターンで、どうにかネパールらしさを表現できないだろうか。

そうした思いとビジネスとの狭間で、私は24時間葛藤しつづけた。

そして、2009年2月9日。

やはりこの国で「何か」をしようと決意した。

決意させたのは、自分自身が作り上げた自分自身。

正直なところ、本当に怖かった。

不安定な国ネパール。

マオイストという最大のリスク要因を抱えながら、いつ倒れるともしれない観光産業に依存しきっている。自前の産業はまったくといっていいほど見当たらない。

ネパール＝パシュミナも、現実には「メイド・イン・チャイナ」を「メイド・イン・ネパール」と偽ったものであり、単に「ヒマラヤ」という山のイメージを掲げただけの嘘っぱちだった。ただ笑顔を振りまき、礼儀だけは正しい、でも勤勉ではないネパール人。

しかし、そんな国を3度訪れ、そこでもう一度、マザーハウスと自分の哲学を振り返ることができた。

哲学とは、自分の人生の指針であり、それは私の中で今も変わらない。いや、変わってはいけないものなのだ。

こんな国でも、必ず何かが生まれるだろうし、生まれなければならない。そして、私以外に、この国でそんなことを考えている人間がいるとも思えなかった。

パイオニアとして道を拓くときには、常に危険と隣り合わせだし、人が目を背けたくなるような事実とも向き合わなければならない。

でも、それをするからこそ私は私なんじゃないか、と思う。

小さな自分でも、問題と向き合って、ほんの少しでも、できることを探しながらそれを実行し、持続すること。創業者として、経営者として、会社を守ることだけを考えて、それで一歩が踏み出せないとしたら、マザーハウスはそれだけの会社になってしまう。まだほんの小さな会社なのに、私自身がそんなことでどうするのだろう。

私自身が、マザーハウスの成長を押し上げなければ、誰が次なるマザーハウスを展開するんだ。

できるはず。きっと多くの問題があると思うけれど、必ずマザーハウスをもっと強くしてくれるはず。

吹けば飛ぶような自分であっても、進んだ一歩は消えることはない。

私は翌朝、バサンに決意を話した。

「ちょっと会議をしたいんだ」

「オーケー」

ホテルの庭にあるいすに腰かけた。

「バサン。昨日一晩、そして今朝もいろいろ考えていた」

「うん」

「ここネパールで何かできることを見つけたい」

「問題ないよ」

彼は私と目を合わせないでそう言った。

リスクが大きすぎると心では思っているんだろうか。それとも、本当に賛成しているのだろうか。読み取れなかった。

「昨日パシュミナの工場の人とまた電話したよ。要は『メイド・イン・チャイナ』といってもネパール付近の中国だから同じようなエリアなんだって。だから問題ないだろうという見解だった」

「そうですか」

バサンは話を異なる方向に持っていこうとしたが、私は続けた。

「自分は、このブランドの創業者である限り、自分の哲学に固執したい。それはこんな国だからこそ、何かを行うことなんだ。普通の会社とはまったく違う」

「分かった」

「それと、パシュミナにはこだわらない。100パーセントネパール産の素材がないのであれば、それはそれでかまわない。それが事実で、ここには産業がないんだから。

それほど小さな国なんだ。私は、だったら技術的なもの、素材ではなくても、例えば手織り、手作業、そういったネパールの人たちによる何かをプロダクトで表現したい」

そうして振り出しに戻り、再び素材発掘から始まったのだった。

ダッカ織りとの出会い

現地の素材がない。

この衝撃的な事実が、現場にいると徐々に明らかになっていった。

パシュミナ以外にも素材と呼ばれるものはすべてインドや中国から輸入していた。コットンや麻も育たない気候環境。さらに、稼動している革の工場は2社しかない。

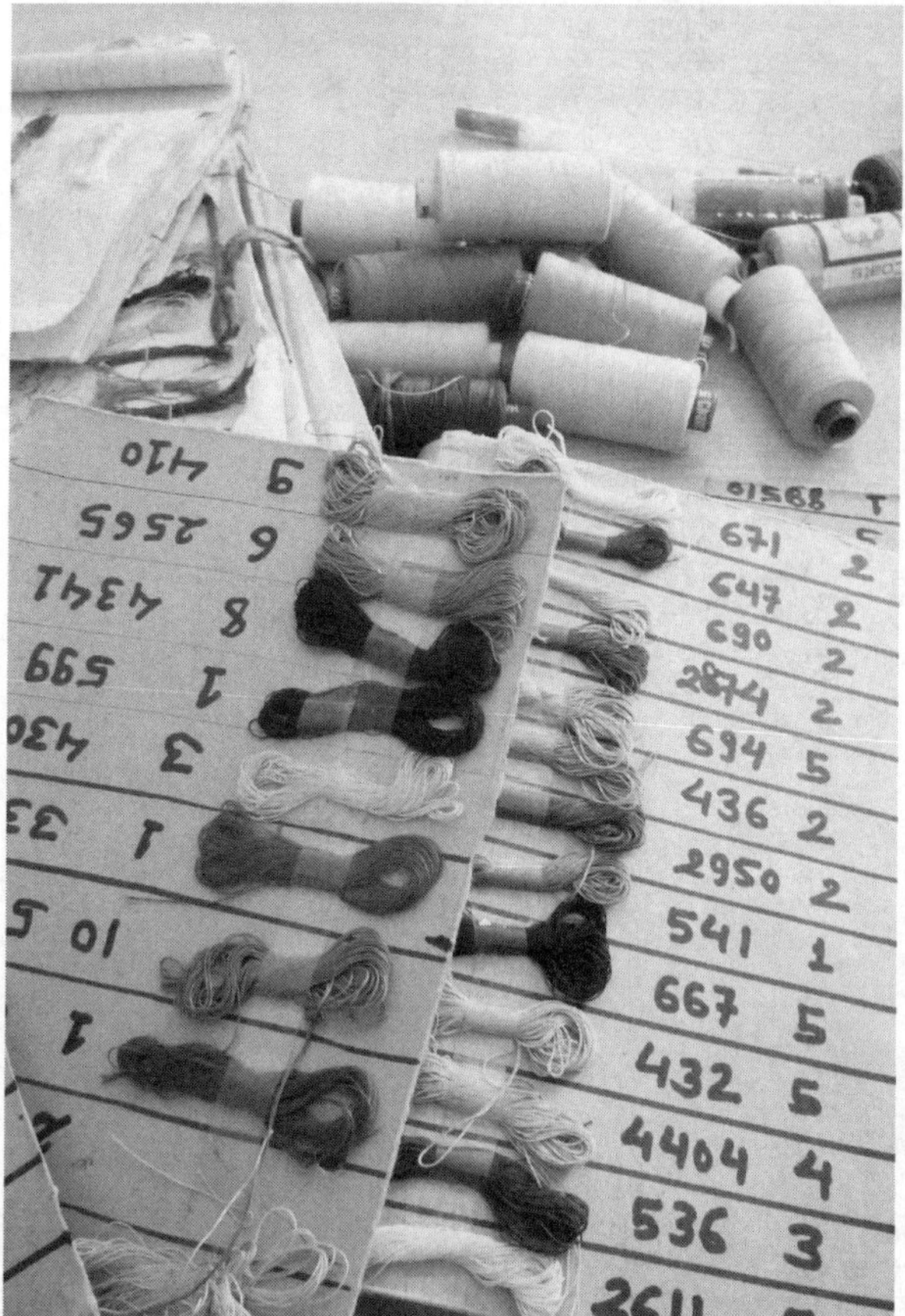

やっと見つけた運命の素材「ダッカ織り」の糸

マザーハウスは現地の素材を使うことを理念に掲げている。

しかし、思えば、現地で素材が作れない国こそ、本当の意味での「途上国」なのかもしれないなと思った。

アフリカの小国のように、素材を隣国に依存し、加工するだけの国が世界には多くある。しかし、そういった国々で製造業を根づかせることには意味がある。そこで私は、素材は輸入したものでも、その加工にネパール独自のものを探そうと思った。

街を歩いていて気になったのが、織物や手作業の刺繍だった。

織物でも、お店の人に聞くと、「観光客に合うように独自に開発したんだ」と誇らしげに言われ、私がネパールで独自に作られた伝統的なものを探していると言うと、首をかしげられる。

そんなふうに何度も街を歩いていると、ネパールの40代くらいの男性たちが、ある帽子をかぶっていることに気がついた。

「なんだ、あれ」

そう思ったが、見るからに、ひと言でいえばダサく、まったく興味を惹かれなかったので特に気にも留めなかった。

このままではダメだと思い、1回目の出張の時からお世話になっている政府貿易省のカーキという人と再び会議をすることになった。

「やあ、エリコ。どうですか？　何か決まりましたか？」

「全然。もう困っちゃって」

「そうかあ。今日はうちの組織の若手で、ネパールの民芸品に詳しい人を紹介しよう」

「あぁ、ありがとう」

そういってカーキがベルを鳴らすと、若い男性が部屋に入ってきた。

「あ……」

この人も同じ帽子をかぶっている……。

そして、よくよく見ると、カーキのスーツもその帽子と似たような素材で作られていた。ついに聞いてみた。

「あのー、その帽子の素材、何ですか？」

「ああ、これか。これはダッカ織りの帽子だよ」

「ダッカ織り？」

「これはネパールで古くから織られている織物さ」

「ネパールで？」

「うん。そうだよ」

「正真正銘ネパールですか」

「そうだよ。糸はインドなどから輸入しているが」

「織りについては、ネパール独自のものなんですか」

「そうだよ。ネパールで作られ、世代を超えて織り方が教えられ、昔は全部手織りだったのさ」

「へぇ。そうなんですか」

しかし、それほど話が盛り上がらなかったのは、本当に、見るからにダサかったからだ。バングラデシュの首都ダッカから輸入した糸で作られたことで、この名がついたという。

「カーキさん、このダッカ織りを作っている工場はどこにあるんですか」

「工場というか、多分小さな家みたいなところで、作られているのが多いと思う。生地の問屋街に行けばいろいろと見られると思うよ」

ダッカ織りの帽子。街を歩く男性の帽子に注目したのがきっかけだ

「なるほど。ちょっと行ってきます。ありがとう」

そう言って、すぐにその生地の問屋街に行くことにした。

カトマンズの市内。

古い寺院などがたくさんある町並みに、その問屋はあった。

「あ、これカーキさんの服の模様とそっくりだ……。すみません。これってどういう人が買っていくんですか？」

「どういう人って、ネパール人が帽子にしたり、サリーにしたりさ、生地を買ってテイラーショップで作ってもらうんだよ。

君、どれが欲しいの？　何メートル？」

「あぁ。まだ決まっていないけれど……。それにしても、これだけバラエティがあるけれど、どこで作っているの？」

「僕たちのはカトマンズで作っているよ。すべて機械だからきれいだろう！」

「へえ。じゃあカトマンズが生産地なの？」

「そうじゃないかな」

「ふうん」

そしてカトマンズでいくつかの工場を探しあて、この生地についての情報収集と現地調査を続けた。しかし正直、心から何かが湧き上がってこない。

苛立《いらだ》ちで時間ばかりが過ぎていく中、ある女性と出会った。

「ダッカ織り？　私、工場持っているよ」

「ダッカ織りの工場を持っているんですか？」

「持っている」

「大きな工場ですか？」

「大きくはない。手織りだからね」

「手織り!?」

「……はい」

「すぐに見学させてください！」

私とバサンは、工場の持ち主だという女性を強引に自分たちの車に乗せ、その手織りの工場に向かったのだ。そこはカトマンズから車で50分くらいの、少し離れた田舎にある。

着いたところは普通の民家みたいだった。

白い制服みたいなものを着たネパール人が笑顔で挨拶をする。

「こんにちは」

「こんにちは。僕がマネジメントをしているラトナです」

このラトナと工場の持ち主の女性は、この時なぜかあまり言葉を交わさなかった。

私は工場で、初めて手織りのダッカ織りを見た。

「これ、本当に本当に、全部手織りなんですね」

「そうです。だから1メートル織るのも大変です」

実際に作業を見てみると、確かにこれは時間がかかると納得する。

1本1本縦糸に横糸をはさんでいくその作業は、熟練工じゃないと難しいと感じた。この工場は30人程度で、全員女性が織っているという。

確かにマーケットで見たものは、機械で織っていたため、品質は均一だがどこか冷たい感じがした。

しかし、この工場の生地を見た瞬間驚いた。それは、街で見かけたダッカ織りとは

ようやく見つけた高い技術を持つラトナのダッカ織り・手織り工場

まったく違う、何とも優しい生地だった。デザインや色はどうしようもないくらいダサいものだったが、私はこの生地のもつ温もりにとても惹かれた。そして、その温もりを作り出しているネパールの女性たち。

手作業でしか生み出せないこの雰囲気は、まさに私が探し続けていた「湧き上がる何か」だった。

デザインや織りの糸を変えなければならないが、このラトナの工場なら「できる」と思ったし、この生地で戦いたいと思った。その気持ちが確信に変わったのは、帰り際のラトナの一言だった。

「この工場は、実は閉鎖の準備をしているんだ」

「閉鎖?」

世界的な不況が進行する中、バイヤーはネパールを訪れなくなり、国内向けに販売しようと思っても、単価が高すぎてまったく相手にされない。そして、スタッフの中には、5年間も昇給なしの人が多くいて、マネジメントに限界を感じていたらしい。

ラトナは、「この工場が大好きなんだ」と小さく言った。

今、自分の目の前で、この温かい生地がなくなろうとしている、そして無力で、その結果を待つだけの工員たちがいるのだと思うと、私は胸が苦しくなった。同時に、自分ができることは何なのか、それはこの生地に新しい市場を提供し、再び息吹を取り戻させることなんだと思った。

少なくともそれがこの工場にいる30人の女性の生活を支えることになるならば、それが私の運命のようにも感じられた。

自分にできることは小さいかもしれないが、この生地を持って「何か」を作ろうと覚悟を決めた。

マザーハウスの強みの一つは、「素材」を何より大切にしていることだ。

しかし、これはモノ作りを途上国で始めたら、必然的にそうなったものだ。

現地の可能性を開花させるためには、やはり大元の素材から変えなければならない。

その後、ラトナのダッカ織り・手織り工場と契約を交わした。こうしてダッカ織りの温もりを残しつつ、そこに革新を起こし、先進国に受容されるものにするという新たな挑戦が始まった。

やはりバッグで勝負したい

たくさんの新しい問題点やハードルを感じながらも、ようやく素材を「ダッカ織り」に決定できたのは大きな前進だった。

しかし、この素材でどんな商材を作るかについては、なかなか「本決まり」にはならなかった。とりあえず、ネパールの人たちがダッカ織りの帽子をかぶっていることから、私も帽子を作ってみたりした。

日本に帰国し、再び議論を重ねた。

帽子のサンプルをみんなに見せると、正直、反応は思わしくなかった。さらに、「帽子」というマーケットの小ささも気になった。

どこまでできるか不安だった。しかし、日本に帰れば帰ったで、スケジュールいっぱいにさまざまな取材を受ける。そのたびに、

「次のネパールはどうなんですか？　バッグじゃないんですよね？」

と記者さんが聞いてくる。

「はい。バッグ以外のものを作ろうと思っています。楽しみにしていてください」

私もそう答えてしまう。心の中ではまだ決めかねているくせに、仕事の場ではついそんなそぶりを見せまいとしてしまうのだ。


そして、2009年3月13日。

テレビ東京で、「奇跡のキズナ～未来を創る革命児たち」という番組が放送された。

以前、番組の取材班がバングラデシュを10日ほど訪れ、私やマトリゴールの工場の様子を撮影し、インタビュー取材などを受けていた。レポーター役は、ジャニーズの「NEWS」のメンバー・加藤成亮《しげあき》君だった。

放映日、その収録映像が流れ、最後のほうで、私が加藤君のインタビューに、

「次はネパールに行きます。ネパールでも、そこにある素材を見つけて、違うものを作りたいんです」

と答えるシーンで終わっている。番組終了後、テレビの反響はやはり大きく、店舗に訪れる人たちからも、

「ネパールなんですよね？　次！」

と笑顔で聞かれる。

マザーハウスのような小さな会社では、第2の国に挑戦するからといって、そのためのプロジェクト期間に何年もかけるわけにはいかない。

「9月にはオープンさせる。発表は2009年8月21日だ」

と自分の中で目標を決めていた。

すでに期限まで半年を切っていた。そんな無茶な話があるか、といろんな人に言われるのだが、最初にターゲットを決めないと、ズルズルと先延ばしになるだけだし、ベンチャーである私たちにそんな資金的余裕もない。

心の中ではプレッシャーが募るばかり。その一方で、商品そのもののイメージがまったく湧いてこないのだ。

そんなある日のこと。

私は、副社長の山崎と小田急百貨店に向かった。

じつは小田急百貨店から、2009年9月あたりに、もう一店店舗を出さないか、というオファーを受けていたのだった。私たちは、まさに「9月であれば、ネパールの商品で店を構えよう」と思っていた。

小田急百貨店内のカフェでお茶をしながら、山崎とその出店予定の場所を見ていた。

「ネパールの素材で何を作ろうか……」

「どうしようか……」

出店を予定している場所の前には、価格帯、バラエティともに非常に高いレベルのお店がある。そんなショップブランドと、何を作れば戦っていけるのか、まったくイメージが湧かない。

「うーん」

2人ともうなり続けた。

この日は、「ワールド・ベースボール・クラシック（WBC）」の韓国との決勝戦の日だった。それもあって、ふと山崎が、

「勝ってるかなあ……」

とつぶやいた。山崎らしいなと思った。

そして数分後、

「バッグだなー。バッグだ」

そうなのだ。

やはりバッグを作ることにしたのだった。

いつも重大な意思決定をする時はこんな感じだ。

山崎とは、これだけ一緒に時間を共有し、ビジネスの荒波を乗り越えていると、お互い何を考えているかは分かっている。

バッグだ、と言った瞬間に、その背景にある理由なんて言わずとも理解できる。

次に発せられる言葉は、

「どちらかというとフォーマルだろうな」

という具体的な話に飛んでいる。

しかし、安易にバッグにするという決断は私たちにとっては、マザーハウスらしくない決断だとも思う。

これまでお客様にサプライズを提供することをサービスと考えていた私たちにとって、「バングラデシュの商品と同様で、またバッグなんだ」というのは、ある意味がっかりさせてしまう結論だろうな、とも思った。

しかし現実的に、「勝算」がない勝負はできない。

それが、起業した時との大きな差だった。起業した時は、バッグが売れるかどうかとか、店舗の売上が立つかどうかなど、どうでもよかった。想像もできなかったからだ。

ただバングラデシュで作ったものを売ろうという気持ちだけで精一杯だった。

そして、何とか売ってきたのだった。

しかし本当の意味で「ビジネス」というものを学びながら、この3年間その難しさに直面してきた。

その中でも一番難しいのが、やはりお客様に満足してもらうことだ。

モノはもちろん、接客、サービス、すべてにおいてそう感じてきた。

私はバッグの作り方さえ知らないところから出発し、今では一人でデザインをし、型紙を切り、それを形にできるまでになった。

山崎はというと、六本木ヒルズから飛び出し、入谷と百貨店を往復し、マーチャンダイジングを理解し、財務をしながら店舗を自分の手で作っている。

そして、スタッフ全員が小売経験ゼロから出発し、今では小田急百貨店に店を構えるまでになった。

ここに来て、ようやく「バッグ作りが分かってきたなぁ」と思える部分があるとしたら、「やはり何をするにしても3年かかる」ということなんだと思う。

しかし、バッグ以外のまったく新しい商材でネパールに3年かけることは私たちにはできない。

理由は明快だった。

もし3年かかるとすると、私が死ぬまでに何ヵ国できるんだろう？　と考えた。

あと30年働くとして10ヵ国だ。想像していた以上に小さな数に自分で驚いてしまう。

なぜなら、バングラデシュと同じように、可能性があるのにチャンスがない人たちが世界にはもっとたくさんいるんだ、という現実があるからだ。

バングラデシュの工員たちが、マザーハウスを自分の家のように思ってくれているように、世界中にそう思ってくれる人が1人でも増えればいいと思うし、「やればできるんだ」ということを伝えたい人たちは国境を越えて何億人もいる。

これまでの〝ビジネス〟のイメージを覆す「もの作り」のやり方を、そしてビジネスのあり方を、工場のあり方を、その「種」としてでもいいから、1ヵ国でも多くの人に見せてあげたい。

その人たちが、「やればできるんだ」と分かれば、私が死んでも誰かがきっと何かをやるだろう。その「種」を蒔《ま》けるかどうかが、大事なんだと私は思うのだ。

さて「勝算」だが、勝算があるかないかは、何と言ってもデザインと品質で決まる。マザーハウスのバッグはブランドとしては、まだまだ発展途上だが、しかしもしバッグとは違うまったく新しい商材だとしたら、さらにお客様に満足を届けるのは困難かもしれない。そこの確信と明確な理由がなければ、会社としてはお金を使うことはできないのだ。

「ネパールでもバッグを作る」

それは納得のいく経営判断だったと思っている。

マザーハウスというブランドは、「かわいそうだから、買ってください」というマーケティングは一切しない。途上国の素材で生産したものを胸を張って届ける。そのためには、品質でも日本市場で他社と対等に戦わなければならない。

それを新規商材で行うことのリスクと技術の欠如を自分自身がもっとも痛感している。

同時に、お客様に満足してもらって初めて成り立つ「ビジネス」で勝負するということを考え、出した結論だった。

私たちがこの決断をした日、WBCの決勝戦では、イチローの放ったヒットによって、日本が韓国を破り優勝を決めた。

「すごいなすごいなイチロー！　私もイチローみたいに頑張ろう！」

そうはしゃいで事務所に帰ったのを覚えている。

それからついに、２００９年４月10日。

ネパールに４度目の、そして今度は長期出張だ。

Keep Walking

第5章

ネパール、絶望と再生の果てに

ネパールのバッグ提携工場

２００９年5月、ネパールでは、陸軍参謀長解任をめぐってプラチャンダ首相が辞任に追い込まれた。その後、22の政党が連立し、新たな首相が選出されたものの、もはや政府などないに等しい。

「国民」の支持を受けているといえる政党は皆無なのだ。

小さな政党が22も集まって政府だと名乗っているこの状況下で、一体誰がリーダーになり得るのか。政党の違いを越えて、完全な一致点を見いだすのは容易ではなく、国家は実質的にはほとんど機能していない。

一つの政党がストライキを起こしたかと思えば、翌日は別の政党がストライキ。常に繰り広げられるそのストには、学生や一般市民までが駆り出され、政党から昼ごはんや報酬が支給される仕組みになっている。朝、工場に向かう途中で、これまで何度ストライキにぶつかって仕事が妨げられたことか。

ダッカ織り・手織り工場のマネジメントのラトナ

ラトナの工場で作ったダッカ織りの素材を加工するビルマニの工場

バングラデシュでは、すでにマザーハウスの自前工場が稼動している。しかし、ネパールではいきなり自前工場というわけにはいかない。ただ、バングラデシュでの生産委託での痛い経験を踏まえ、最初から自前のサンプルルームだけは確保しようと思った。

ネパールに着いてすぐに、バサンと現地会社設立に向けて動きはじめた。同時に社宅を備えたところで、1階には小さなサンプルルームを設置できるような敷地を探し、タイミングよく空いているところを見つけたので、5月1日から契約をし、徐々に環境を整えていった。

素材を作るのはラトナのダッカ織り・手織り工場に委託したが、問題は、バッグを実際に作る提携工場だった。ネパールでバッグ工場というと本当に選択肢が限られているが、ネパール訪問の最初に出会ったビルマニの工場にすることにした。

それについては、ネパールの貿易省で長官を務めているカーキさんの推薦もあった。私は最初の頃、情報収集をかねてネパールの政府関係者を訪ねてみたのだが、多くの人は、

「この国はもう終わってしまっているから、他でやったほうがいいんじゃない」

と平然と言うので、そのたびに怒りを覚えていた。

そんな中、貿易省のカーキだけは違っていた。マザーハウスを心から歓迎してくれ、この状況下で何かを立ち上げようという私たちを貴重な存在だと誉めてくれた。また、自分の名刺のファイルを取り出しては直々に電話をかけ、

「日本人ですごくいい志をもった企業がきてくれたんだ。ネパールにとって、こんなチャンスはまたとない。ぜひ協力してくれ」

とその場で人を紹介してくれたりもした。

(こんな人もいたんだ……)

それが私の第一印象だった。ビルマニの工場に関しても、

「ネパールは革がもともと少ないし、ましてバッグなんてやっている工場はほとんどない。そういう意味では、彼はとても頑張っていると思う。政府からも国際会議などがあると、ノベルティとしてファイルケースなどを発注しているんだ。納期に遅れることもそれほどないし、嘘はつかないいい人物だよ」

とビルマニの工場を強く推薦してくれた。

しかし、現地向けのバッグを作っているだけの工場なので、その環境は理想と随分かけ離れている。サンプルの製作を始めようとしたが、まず工具類がまったくそろっていない。

型紙を切り出すボードもなく、国じゅう探しまわっても見つからず、結局まな板を買ってきた。

まず自分が働く環境を整えるのに一苦労。それから徐々にサンプル作りが始まる。ダッカ織りを手に、一体どのようなバッグが最もこの素材を活かせるのか、新しい挑戦が始まった。

その過程で何個もバッグを作ってみたが、まったく納得がいかない。ジュートバッグを作る過程で「カジュアル」のイメージに慣れすぎ、自分自身の「型」を破ることに心から苦労しながら少しずつ軌道修正をしていった。

ようやくでき上がってきたバッグは、私にとってはまだまだ理想とは遠いが、模索しながら「方向性」を探った。

工場全体の質を上げるために、私たちはインドから2人の工員を雇い、彼らに国境を越えて、ネパールの地で働いてもらうことにした。

もちろん通常のオペレーションではありえないこの策をとる必要があったのは、ネパールの人口が少ないことにある。職人自体の総数も少なく、私自身が工員たちを教えながら、工場の改善を行っていくには限界があると思ったからだ。

私たちは、まずネパールの現地法人「マイティガル」（ネパール語で「マザーハウス」を意味する）を立ち上げた。

そして、インドからやって来た腕のいいサンプルマスターのシャキルと、彼のアシスタントの2人も参画。

いよいよサンプルを修正し、生産の準備が始まっていった。

前払いできるか、とビルマニは言った

サンプル作製は、ネパールのバッグのコンセプトを作り上げるところから始まった。

毎日デザイン画を描き、パターンを起こす。そして、できたものをビルマニ工場の

サンプルマスターが修正し、実際に最初は安い生地でラフサンプルを作る。そうしてあがった修正点を踏まえて、さらにサンプルを作る。この繰り返しの日々が始まった。

私はつねにビルマニ工場でサンプルマスターたちと作業をしていたが、ビルマニはネパールの皮革連盟の会長に選ばれたと言って、とても忙しい様子で、工場で会うのは週に1回くらいだった。

ある日、久しぶりにビルマニが工場に来て私をオフィスに呼んだ。

「どうしたの」

「娘がオーストラリアに留学するんだが、その費用が必要なので生産の支払いを前払いできないだろうか？」

「うーん。まだサンプルもファイナルではないので難しいです。ファイナルになって生産量も決まったら、トータルの数十パーセントを前払いするなどは通常やることもあるのでその時点では検討できます」

「いや、至急必要なんだが……」

「難しいです」

そう言うと、ビルマニは少し後味の悪さを残して、工場を後にした。

いよいよサンプルが半分くらいでき上がって、お店に並んだ様子も少しはイメージできるようになってきた。

工員たちの成長はすさまじく早く、夜遅くまで自主的に残っている様子をみると、技術だけではなく責任感のようなものを持ち始めたとまで感じた。

そんなある日、生地のデザイン開発のためにラトナの工場に行く途中で、道路が封鎖されていた。

毎日どこかで必ず道路封鎖がある。そのために何ごともスケジュール通りに進まず非常に焦りを感じていた。

泣く泣く引き返す途中のガソリンスタンドでは、列をなしていた。

「今日は朝から待っているんだ。いつになっちまうんだ！」

と叫ぶドライバーたち。

ネパールの石油の工場がストライキを起こしていて、国全体で石油が不足していると聞いた。そして、その「ガソリンがない」ということに腹を立てた人々が道路を占領して、あぐらをかき、ストライキを起こしていて、それがまた交通渋滞や事故を起こしていた。

ひどい状態だった。一言で言うと、カオスそのものだった。国全体にストライキが蔓延《まんえん》していて、誰が何の理由で何をやっているのかは、もはや誰も完璧には把握していない。

そんな中で、ネパールで最高のものを、と思いながら生地の工場に向かう私は、本当にそんなことができるのかと、疑問に思ったりもしていた。

「きっとできる。信じなきゃ。悲観したらきりがない」

ネパールでの本当の戦い

いよいよ生産が始まる1週間前、ビルマニの工場に到着するはずだったインドから輸入した裁断機が通関でストップしたままだと報告を受けた。

「どうして？」

「送ったインドの商社が、壊れているので、通関前に修理代を払えと言っているらしい」

「なんでビルマニさんが払わないといけないの？」

「分からない。その商社がそう言っているんだ。インドはいつもそうだ……」

と言う。

「それはひどいよ。送った商社がきちんと梱包《こんぽう》していないから船積みの時に壊れたんでしょう。なんでこっちが修理代を払うの？　おかしいよ」

私は通関まで出向いて、壊れた機械の証拠写真を撮り、商社に問い合わせた。

このような予想外のことはいつも起きている。

ネパールが小国のせいだろうか。仕事上の工具や、ネパールにない素材を他国から輸入して入手しようとしても、つねに何かが欠けている、あるいは、届いたものに不備があるのだ。

しかし、翌日、「何か進展はあった？」とビルマニに聞くと、

「なんのこと？　あぁ、裁断機のことか」

と私の怒りや行動とは裏腹に、ケロッとした答えが返ってくる。

ネパールという国の人たちは、最初はいい意味で楽観的だと捉えていたが、ビジネスを始めて、それが実は何もかもがいい加減であるというのが実態なんだと知った。

そして、計画性がないままに「その日暮らし」が続いている。

象徴的だったのは、ある西洋人の旅行客の女性がビルマニのお店を訪れたとき。

その女性は、3日前に自分のバッグをビルマニに預け、

「これとまったく同じデザインのものを茶色の革で作って」

とお願いしたらしい。

ところが、できあがったバッグをその女性に見せると、

「なにこれ。なんか違う。気に入らないわ」

彼女はそう言うと、その茶色のバッグを置いたまま失望して去ってしまった。このように旅行客をがっかりさせることは、ネパールでは後を絶たない。

しかし、もっとびっくりしたのは、その女性が立ち去ると、ビルマニの息子のビッキーがそのバッグを手に取り、押し入れのようなところにバサッと投げ捨てた姿だった。

「え、これ……いいの？　どうするの？」

「どうするって、役に立たないものは必要ないさ」

本物の革なので、けっして安いものじゃない。それに、ネパールの給与レベルや工場の規模を考えても、とても無駄にするなんて許されない品物を、あんなふうに扱うなんて、衝撃的だった。

さまざまな日常生活の場面から、ネパールの人々の行動そのものが、ネパールという国が抱える問題でもあることが徐々に明らかになり、その根の深さをひしひしと感じる日々だった。

他国のバイヤーが来ない、または戻ってこない理由もうなずけた。バングラデシュの人たちよりも可能性を引き出すのが難しいと感じるようになっていた。

ラトナ工場との絆

そんな中、生産開始の最終的なGOサインを出すかどうかを判断するため、日本から山崎が合流した。

バッグを見て一言。

「これ、いけるよ！」

私はうれしくてうれしくて仕方なかった。

「ほんとに？　ほんとにそう思う!?」

「うん、これで売れなかったら販売サイドの責任だよ」

私は涙が出そうになった。

距離的にも精神的にもかけ離れた途上国の地で、先進国に向けて商品開発を行うというのはとても孤独な仕事である。

どこかで方向性を間違えても、それに気がつかないという落とし穴がたくさんある。そんな環境でつづけてきた作業を、マーケティングを代表している山崎が認めてくれたことは生産前の大きな大きな自信になった。

山崎が合流したこともあり、前から企画していたことを実行しようと思った。それはラトナ工場でのランチのプレゼントだった。

工場で毎日一生懸命、働くのは全員女性で、そのほとんどが結婚している20歳から40歳くらい。小さい子どもを抱えながら、工場に朝早く来て、機織り機に座り、1メートル作るのに6日もかかるような複雑な模様を、何ともスピーディーに、1ミリのミスもなく織り始める。

それでも、すごい職人というよりは普通の女性であり、普通の母親である。けっして裕福なわけでもない。けれど、毎日笑顔を絶やさないで、時には歌を歌いながら働き、私に織りの模様について話してくれる。

静かだった工場が生産で慌《あわただ》しくなり、活気づいている。

工場の雰囲気は１８０度変わったのだ。

これもすべてマザーハウスのおかげだとラトナは言ってくれるが、マザーハウスとしても彼女たちが見せてくれたやる気や笑顔は、ネパールの可能性の一部だと思った。

だから、いつものお返しにと、ある日マトンカレーや野菜炒め、スープに焼きそばに、それからデザートのネパール風のケーキまで用意した。

近くのレストランでオーダーした料理が、大きなお釜に入って昼過ぎにやってきた。

「さぁ、みんな、今日はとびっきりおいしいご飯だよー!」

みんないっせいに自分たちのお皿をもって並ぶ。

「もっといっぱいついで!」

そんな声まで上がる。

大盛りだったカレーもご飯も、あっという間になくなってしまった。

「もうお腹いっぱい!」

とびきりの笑顔を見せてくれるみんな。

そして、「さぁ、やらなきゃ!」といって再び機織り機に向かうみんな。

ここネパールの地では、労働問題でどこの工場も嫌な緊張感があり、少しの隙《すき》も見せないマネジメント側と、不満を抱える労働者たち。

けれど、本当はシンプルなことで、みんながみんな人間として扱われたいし、みんながみんな愛されたい。

ここで働く女性たちは、本当に多くの可能性を秘めている。その手から織られる生地は温かく、そして強い。

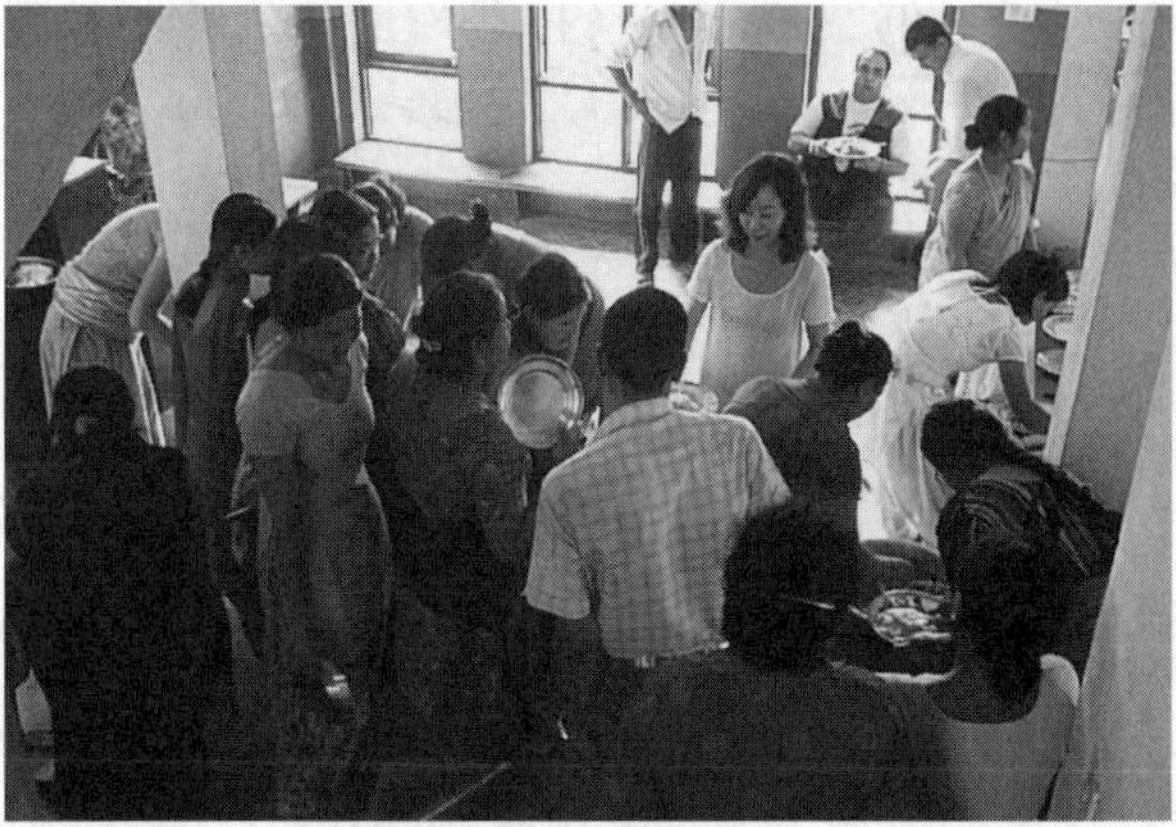

ラトナのダッカ織り・手織り工場でスタッフにランチのプレゼント

工場の職人はすべて女性。みんな笑顔を絶やさず陽気だ

王制だった頃には、王宮にも献上していたと聞いた。私はそんな女性たちの可能性を絶対につぶしたくないと、この日改めて思ったのだ。

日本よりはるかに多くの制約とガマンだらけの毎日の中で、子どもを抱えながら自分の力で生きる女性たち。私にそれほどの強さがあるだろうか。

彼女たちを見るたびに、強さを分けてもらっているような気がする。

このネパールの田舎にいても「夢は叶うこと」「仕事はお金のためじゃないこと」「自分たちの作り上げるものによって喜ぶ人たちがいるってこと」……いろんなものを彼女たちに知らせてあげたい。

そして、彼女たちの未来を一緒に切り開いてあげたい。純粋にそう思ったのだった。

ビルマニのたくらみ

ネパールで最高のバッグを作るんだ。

そんな強い決意にかげりが見えてきたのは、サンプルの数が30を超え、ファイナルのサンプルを仕上げ、5回目の長期出張が終わりそうだった2009年6月末のことだった。

生産の準備に取りかかるため、意気揚々とビルマニとの詳細なスケジュールの話し合いに向かった。

場所はカトマンズのホテルのレストランだった。マザーハウスからは私と山崎、バサン。工場からはビルマニと彼の息子のビッキー。そして、最初から応援してくれていた貿易省のカーキも来てくれた。

ところが、テーブルに座って話し合いを始めようとすると、ビルマニが突然、思わぬことを言い出したのだ。

「あなたたちは、うちの工員を奪おうとしているんじゃないか?」

私も山崎も、わが耳を疑った。

「これは絶対に間違った方向に進む」

山崎は私にそう言った。

バサンも激怒している。

しかし、この会議は、カーキの存在もあって、最終的にはいい意味でお互いが言いたいことを言い合うことができた。むしろ、生産前にお互いの不信感を取り払い、悪い膿《うみ》を出し合えてよかったとも思えた。

ところが、翌日の6月26日。前日の会議を踏まえて生産に向けての話し合いを行った際、またもやビルマニが、

「自前工場を作るのは反対だ」

と言い出したのだ。

「反対？　昨日あれだけホテルで話し合って、分かったと言ったじゃないですか。今さら何を言っているんですか？」

「それなら残念だが、今回はサンプルだけで終わりにしよう」

「どういうことですか？　昨日、何について話し合ったか分かってますか？　何かあったんですか？」

明らかに態度が違う彼らにとまどった。

「君たちは、私たちの工員を奪おうとしているんだろう。君たちの工場ができたら、みんな私たちの工場を去って、そっちに行くに決まって

いる。そんなこと許されるわけがないんだ！」

ビルマニは、再び工員たちが奪われると言い出した。

どうやら私たちは、まるっきり信用されていないらしい。しかし、よく話を聞いてみると、彼は私と工員の距離があまりにも近く、日に日に結束力を固めてサンプル作製をしているのが気に入らなかったようだった。

確かに、工員の一人から、「マダムが自前工場をやるんだったら、働きたいな」とポツリと言われたことがあり、ビルマニの心配も理解できなくはなかった。

「じゃあ、誓約書でも何でも書きますよ。

私はネパールのために、この地でバッグを作りたいと思ったのであって、そのせいで誰かを蹴落としたり、誰かを犠牲にするのは本末転倒だと思っています。マザーハウスの理念は何度も説明した通り、ただ純粋にいいものをこの地から作ること。そして、ビジネスを通してそれを実現したい。

そのために生産拠点を分散して、リスクを最大限回避しなければならない。あなたの工場の生産能力を考えれば、需要を満たすだけの供給ができるかまだ分からない。まず私の自前工場と同時に2ヵ月やってみて様子を見るというのはどうでしょうか」

「じゃあ、私たちは2ヵ月限定ってことかい？」

「それはあなたの工場の生産状況しだいでしょう。ならば、2ヵ月間は自前工場は稼動させない。それではどうですか」

そう言っても、彼は首を横に振るばかりだった。彼の態度の変化に、私は驚きを隠せなかった。

そして、彼が続けた。

「このサンプルのデザインは、日本のバイヤーが気に入るかもしれないな」

「何を言っているんですか。デザインについても専売契約についても、きちんと契約をしたいと思っています」

「エリコが作った商品を100パーセントまるまるコピーするわけじゃないさ。この生地も日本のバイヤーに需要があるかもしれない」

「すみません。言っている意味が分かりません。そんなことは絶対に許されない」

怒りを抑えて、理性的に言葉を話すことが、これほど難しいとは知らなかった。

さらに、彼は窓の外を見ながら続けた。

実は彼の工場は5月には引っ越す予定で、窓の外にはその工場がまさに建設中だった。しかし、財政的な問題から建設は途中で止まっていた。

「マザーハウスのために、生産に合わせて、この工場は当初3階建ての計画だったが、急遽5階建てにしたんだ。それ以外にもサンプルマスターを手配したり、大きな投資をしてきた」

（ふざけてる！）

工場移転の話は、私たちが前年11月に来た当時から持ち上がっていたことで、建設だってすでに始まっていた。それなのに、マザーハウスのために投資したというウソを恩着せがましくでっちあげ、こちらに投資額を請求しようという腹さえ透けて見える。

横を見ると、目を充血させたバサンが私に小声で言った。

「この男は危険すぎる」

これ以上、生産を推し進めるのはリスキー。彼との関係はここで終結させた方がいいと彼の目が語っている。私は半分うなずきながらも、半分首を横に振るようなジェスチャーをした。まだ判断しかねていたのだ。

バサンがビルマニに言った。

「ビルマニさん。あなたが言っていることなど信じられるわけないでしょう。この工場の建設申請書を見せてくださいよ。私たちがこの地を訪れるずっと前の日付があるはずですよ」

バサンも、怒りを必死にこらえているようだった。

「あなたこそ、私を信用していないじゃないか！」

ビルマニは、かすかな笑みを浮かべて言った。

5分か、10分か、それ以上か、よく覚えていないが、かなりの沈黙が続いた。衝撃的な発言の連続だっただけに、私は冷静な判断がなかなかできないでいた。しかし、生産前の段階でこのような会話が交わされた以上、信頼関係はすでに崩壊しているに等しい。

プロジェクトの成功はまずないだろう。バサンはすでに議論の途中で、その結論に達していたようだったが、私自身が首を縦に振らなかった理由はただ一つ、工員たちのことだった。

彼らの可能性は、私が一番よく感じている。

4月から具体的にサンプル作製が始まり、あの頃できたバッグと今手元にあるバッグのクオリティの違いは素人でも分かるほどだった。

ずっと一緒にやってきた一人、モルトザの縫製の腕は、格段によくなった。縫い返しも、とても綺麗なピッチでできている。生産用の新しい革が到着した時には、彼がとっても喜んで、

「いいものができる」

と言ってくれた時の顔は、私に希望をくれた。

そして、オジムはいつも私の隣に立ち、私のデザイン画を型紙にしてくれていた。

無口だった彼が、一日一日と私と交わす言葉が増え、

「日本にあるマザーハウスのお店で、このバッグをネパール発のバッグとして販売するんだね」

と話した時の少年のような笑顔を、私は今でも忘れられない。

定規やはさみ、私が何かに困っていると、いつでも率先してそれに気づき、用意し

てくれた。そして、いつも朝と夕方に、私の大好きなブラックコーヒーを用意してくれた。

「それを飲んで少し休んで仕事して」

と私にいつもやさしい言葉をかけてくれた。

そして、サンプルマスターの中でトップクラスの腕をもつアスガルは、私がデザインをしていると、一日に何度も様子を見に来て、

「マダム、元気？　調子はいい？」

から始まり、

「生産が始まったら僕に任せておいてくれ。心配いらない」

と私に言ってくれた。

工場のフロアでみんなと混ざりながら作業をしている私のことを、

「マダム　コ　モン　バフット　アッチャヘー（マダムの心はきれいだ）」

と何度も工員たちに話していた。

そんな彼ら一人ひとりの表情を思い浮かべると、私は胸が苦しくなり、涙がにじむ。

しかし、今私が迫られているのは経営判断であり、その後ろには日本、バングラデシュで働く50名弱のスタッフがいる。

ビルマニに言った。

「ここまで考えが食い違っては、お客様に満足のいく商品を作る自信はない。本当に残念だけど、私には生産をするという選択肢はないように感じる」

「そうですか。私もとても残念だが、仕方がない」

平然とした顔でそう言う彼に対して、私は怒りをぶつけたかったが、自然に口から出てきた言葉はまったく違うものだった。

「ただ一つ、言いたいのは……あなたの工場の工員たちはみんな、素晴らしい可能性を秘めていると思う。それだけは心に留めておいてください」

彼は聞いていないような素振りだったが、私はそう言って席を立った。

バサンも席を立った。

ビルマニは、テーブルに置かれたサンプルを一つにまとめ始めた。

そして扉は閉ざされた

すでに辺りは暗く、夜になっていた。

私とバサンは話し合いをするために、車で近くのホテルに向かった。エベレストホテル。一番最初の出張で泊まったところだった。ロビーの奥にあるカフェで、コーヒーを2杯頼んだ。

議論をするべきなのに、2人とも言葉が出ない。コーヒーを飲み終えたバサンが言った。

「仕切り直しだ。

一度日本に帰ったらどうだ。日本サイドで行うべき変更もあるだろうから。俺も一度インドに帰るよ。素材を調達していたから、それらをストップしなければならない」

「うん……」

そうして次の日、私はカトマンズを発った。

飛行機の中も、日本に着いてからも、まったく自分が動き出せないでいた。目の前で起きたことを消化できず、サンプルマスターのアスガルはじめ、みんなの顔が頭から離れず、久しぶりの日本にいながら毎日のように泣いていた。

私が彼らを裏切ったんだ。

自分自身に対する情けなさが心いっぱいに広がり、頭にはやる気いっぱいの工員たちの姿が浮かぶ。

ビルマニを変化させたのは何だったのか。それとも、彼は最初からそんな人間だったのか。だとしたら、彼をそんなふうにさせたのは何なのか。

ネパールでやること自体が難しいのか。

一体私に何ができるのか。

これからも人を信じられるのか。

ビルマニと決別するという結論を下したものの、正直、その結論に１００パーセント胸を張れてはいなかった。自分のとった行動が正しかったのか、まだ分からなかった。

私は教会に行った。

何かの答えを求めて教会に行ったのは初めてだった。暑い日差しの中、大きな重いドアを開けると、もちろん平日の夕方は、誰もいるはずがなかった。

一番前の席に座った。

何を祈ったらいいのか分からず、心の中でどうしたらいいんですか、と神様に聞くばかりだった。2時間くらいはそこにいただろうか。

何か答えが見つかったわけではなかったが、涙だけは止まった。

とぼとぼと家に帰り、明日、スタッフみんなになんて説明したらよいかを考えたが、うまく頭が働かなかった。

翌日事務所に行くと、相変わらず元気なスタッフのみんながいた。それを見て、日本の販売サイドにかけた大きな負担を改めて感じた。

9時からの戦略会議。

「今日は、私の方からネパールの報告をします」

40分くらいだったろうか。一連の出来事を正直に話した。そして、また1週間後に現地に行って、自前工場をイチから立ち上げたいと言った。

人数が多くなり、いつになっても収拾がつかないネパールの生産サイドのこのようなトラブルを、日本のスタッフはどのように受け止めているのか、私にはもう分からなくなってきている。言葉足らずの私を山崎が補足してくれ、会議が終わった。

ネパール商品の発売日の変更、新商品発表の上客様向けイベント会場のキャンセル、卸先への説明など、日本のみんなは必死になって、私が犯したミスをカバーしてくれていた。

そんな姿を見ながら、徐々に気持ちを立て直していき、あっという間に日本での1週間が経ち、ネパールに発った。

脅迫電話

7月9日。カトマンズ空港。

バサンと合流した。1週間ぶりの彼は少し疲れていたように思えたが、この出張で再び新しい方向性を打ち出さなければならない。そんなプレッシャーをお互いに感じながら、初日が始まった。

（やるしかない。自前工場をベストな形でスタートさせることが、今の私にできることだ）

そう心に思いながら、まず自前工場のサンプルルームに行った。そこには、留守中も作業をしてくれていたスタッフがいた。

表情が元気そうなので少し安心したが、私たちが到着すると、サンプルマスターの一人のシャキルがすぐにこう言った。

「ボス、ちょっと家族の事情で、一度インドに帰りたいんだ」

「これから自前工場をスタートするんだ。大事な時期なんだ。今はガマンしてくれ」

とバサンが言うが、シャキルは、

「1週間でもいいんで、一度帰りたいのです」

バサンが理由をしつこく尋ねても、まったく答えない彼を見て、少し嫌な予感がした。

夕方になり、アシスタントも、インドに帰ると言い出した。

「一体何があったんだ。2人とも急用なんて、絶対に何かがおかしい」

私が車の中でそうバサンに言ったが、彼は黙ったままだった。

議論の続きをということで、夜は外のレストランに行った。キングスウェイという賑やかな大通りを1本裏通りに入った静かなネパール料理のお店。

その中の隅のテーブルに座った。

料理をオーダーして、やるべきことを話し合ってから、私は一度お手洗いに立った。席に戻ろうとすると、バサンの怒鳴り声が響いた。

見るとバサンが電話の相手に向かって、ものすごい形相で怒鳴っている。ヒンディー語だったが、最後の台詞を私は理解できた。

「俺の居場所なんてお前には関係ない！」

そう言っていた。

「バサン、どうしたの？」

彼は汗をかいていた。そして、ビルマニの家で議論した時と同じように、目を赤く充血させていた。

「バサン、教えて。朝からおかしいよ。何かあったの？」

彼は携帯電話を眺めながら、私を見ずに小さな声で言った。

「つけられている。朝からだ」

「つけられている……？」

「この脅迫電話は、朝から5度目だ。クソ野郎！　ふざけやがって！　ネパールから出て行けと脅しているんだ！」

「脅迫……」

一瞬にして、多くのことが頭を駆け巡った。急に心拍数が高くなる。そして、無意識にあたりを見まわす自分がいた。

このような状況下、脅迫しているのはビルマニ以外には考えられなかった。

（バサンを精神的に脅して、なんとしてでも自前工場を阻止するつもり……か。そして、もしかしたらシャキルが国に帰りたい理由もそこにある……）

「シャキルの携帯電話……。調べてみる」

バサンを脅した同じ人物から、シャキルにも電話があったかもしれない。そう私が言うと、バサンは誰かに聞かれないように無言でナプキンに番号を書いて渡した。ネパールの携帯電話は、日本でいうような「非通知発信」ができないものがほとんどだ。そのため、着信履歴を確認すれば、脅迫電話の発信元の番号が分かる。

「バサン。インドに帰った方がいい。何が起こるか分からない」

「分かっている。今サントス（旅行会社で働く友人）に電話をかける」

そう言って電話を取った彼の手は震えていた。

「今日はどこに泊まる？」

「サントスの家に泊まる。明日、朝イチでのチケットがとれたら、それでインドに行く」

「分かった。私は明日、予定どおりビルマニとの会議に出席します」

「そうするのか？」

「うん」

「分かった」

店の外に出ると、誰か怪しい人物がいても分からないほど暗かった。元に戻ろうとしていた心拍数が再び上がる。別々になったほうがいい、と言うバサンの意見で、彼はタクシーに乗り、私は運転手のビクラムの車で社宅に向かった。

着くまでの数十分、一体何が起きたのか、何が起きようとしているのか、頭がパニックになりそうだった。

恐怖でずっと携帯電話を握り締めていた。

社宅に着くと、まだ灯りがついていて、シャキルが椅子に座って外をぼんやり眺めていた。

「シャキル。今日の彼は朝からこんな調子だった。ちょっと私のケータイが壊れちゃって、5分だけケータイ貸してくれない?」

彼の携帯電話を手に取ると、自分の部屋に入った。

ドキドキしながら、バサンが書いたナプキンの番号を片手に、着信履歴を見る。

「9894……2546……」

無いことを祈りながら、何かの勘違いだと祈りながら、1行ずつ確かめる。

「98942……546……。7、July」

「あった……同じだ……」

「989、42546……6、July」

「98942546……5、July」

何件もこの番号が見つかった。そして、バサンがここに到着した今日から、パタリと止まっている。

胸が痛くなった。そして、バサンに自分の携帯電話から連絡した。

「バサン、同じ番号だった」

「やはりそうか。

おそらくマオイストか何かを雇ったんだろう。エリコも明日の会議が終わったら、すぐにこの国を発つようにしてくれ。

今は危険すぎる。行き先は、日本でもインドでもバングラデシュでもいい。とにかく今は、身の安全が第一だ」

私は、サンプルマスター2人のところに行き、少しのお金を渡した。

「インドまでの交通費だ。明日の朝すぐに帰っていい。また後のことは連絡をする。このケータイは会社のだから、一応私が保管しておく」

私は、眠れない夜を過ごし、次の日の朝6時、バサンとホテルで合流した。

トランクを持ったバサンも寝ていない様子だった。

「今日の10時からのビルマニとの会議には、友人のサントスを連れていってくれ。そして、場所は絶対に工場ではなくホテルで」

「うん。分かってる」

それからバサンと別れ、私は誰もいない社宅に戻るのは危険だと思い、近くにホテルをとり時間までそこに待機した。

神様はどんな決断を私に期待するのか

ビルマニとの再会の場所は、ラディソンホテルのロビーだった。なるべくオープンなスペースがいいと思ったからだ。

9時40分には私は着いていた。サントスには外で待機していてもらい、ロビーに私は一人座っていた。

そして、ビルマニと彼の息子のビッキーが55分くらいに到着した。彼らだけだったことに安心したが、実際に向かい合って座ると、再び心拍数が上がる。

「ナマステ」

「バサンは?」

というのが彼の発した最初の言葉だった。

「彼はインドに帰りました。サンプルマスターたちもね」

私には、彼の表情が何を意味しているか読めなかった。

「ネパールのプロジェクトは、完全にクローズしました。なので彼もマスターも、もうこの国から離れました。私も今日、日本に帰ります」

「なんだって？」

彼の驚いた表情に、私も驚いてしまった。

少しの沈黙のあと、彼が言った。

「バサンがいなくなっても、君は残ってネパールで仕事をするんだろう？」

ビルマニは、バサンやシャキルを邪魔者のように思っているんだと感じた。

「私にはバサンが必要だ。サンプルマスターも必要だ。あなたたちはどれだけ大きなチャンスだったか、どうして分からないのですか」

「君が自前工場をやりたいのであれば、それは構わないよ。

私たちもいろいろ考えたが、やっぱり生産をやらせてくれないだろうか。バサンやサンプルマスターたちがどうして帰らなきゃいけないのか、私にはさっぱり分からない。彼らを呼び戻して、もう一度、チャンスをもらえないだろうか」

私が日本に戻っていた1週間の間、彼らなりにさまざまなことを考えたんだと思った。けれど、それによって答えが変更になるようなことはあるはずがなかった。

しかし、笑われてしまうかもしれないが、私は最終的にはっきりと、

「もうお終《しま》いなんだ」

と言えないでいた。

それは前にも述べたように、この1週間悩み続け、思い続けた工員たちがいたからだった。この瞬間でも、彼らがちゃんと仕事をしているか、どう思っているか、そんなことが心配でたまらない。

「……工員たちはどうしているんですか？」

「元気にやっているよ」

それを聞いて、なぜか涙が出そうになった。神様はどのような決断を私に期待しているのだろうか。

(工員たちとここまで信じてやってきたんだ、やはり一度生産をしてみてもいいんじ

やないか）

（馬鹿じゃないか。こんなカメレオンみたいな人間と仕事をして、うまくいくはずがないだろう。ここまでされて、まだそんなことを言っているのか！）

2つの私が、私に異なることを言っている。

頭が痛くなった。

「とりあえず、明日また会議をしよう。今日のチケットはキャンセルします」

「そうか。ありがとう。何とか頑張りたいと思っているから。明日10時に工場で待っています」

そう言って、会議は終わった。

裏切りという結末

ひどい頭痛と複雑な気持ちで私はホテルに戻った。バサンにそのことを伝えると電話口で猛烈に非難された。

「チケットをキャンセルした？

どこまでお人よしなんだ！　どんなに危険か分からないのか！　脅迫電話の相手が誰だか突き止めるまでは、そこにいたら危険なんだ。この一晩のうちにだって、何が起きるか分からないんだぞ！」

「分かってる。本当にごめん。ただ……」

「明日必ず、夕方にはそこを離れた方がいい」

山崎からも続けて言われた。

「絶対に明日は一人で行かないように。そして、ホテルで会議をすること。よく考えよう、危険すぎる」

私はホテルで一人、考えていた。

経営者として、個人として、常にさまざまな選択と意思決定をしてきたが、ここまで自分を悩ませたことは今までなかった。

100人いたら100人が、おそらくビルマニとは決別するという答えを出すに決まっている。それは理性的に理解できた。

しかし、私は心底経営に向いていないんだと思う。どうしても割り切れない感情が、ビルマニの工場にあり、笑顔で働く工員たちにあり、そこから離れられない。

みんなと一緒に働きたいなぁ。

ホテルの窓から空を見上げていた。

そんな時に携帯電話が鳴った。テーブルには私のケータイと、サンプルマスターから預かっていたケータイ。

鳴ったのはサンプルマスターのケータイの方だった。番号を見ると、

「9894254６……」

例の番号だった。

怖くて、怖くて仕方がなかった。しかし、この電話をとらなければ何も進まない、自分自身も進まないと感じた。

そして、電話をとった。

5秒くらいの沈黙があった。

「どこにいるんだ！　誰だ？」

脅迫めいた怒りのこもったような声だったが、どこか聞きなれた声だった。

「私は、エリコです」

とヒンディー語で言った。

再び5秒くらいの沈黙があった。

私はその間、聞きなれたその声の主を思い出そうとした。そして、「アスガル？　アスガルでしょう？」

間違いない。その声はビルマニ工場でいつもやさしい言葉をかけてくれたアスガルだと思った。

すると、さっきの声のトーンとは打って変わり、聞きなれた声で電話口の相手が言った。

「マダム！　そうだよ僕だよ。アスガルだよ！」

「アスガル！」

「マダム！　ネパールにいるんでしょう！　僕たちの工場になんでこないの？　早くおいでよ」

「そうだね、落ち着いたら行くよ」

そういう言葉を必死に口から出して、電話を切った。

切った瞬間、私は床に崩れ、そこから起き上がることができなかった。床を力いっぱい叩き、携帯を壁に叩きつけ、私は声を上げて泣いた。

なんという結末だろうか。

ビルマニ工場のサンプルマスターが、なぜバサンらを脅迫し、ネパールから追い出そうとしたのか。さらに、ビルマニの本当の意図とは何だったのか。

思えば、ビルマニが、工場の財務的な問題などをマザーハウスに押し付けようとしたとき、その矢面に立って守ってくれたのはバサンだった。前払いや素材の管理の仕方、さまざまな点において、バサンはつねに面と向かってビルマニと議論をし、私には「デザインに集中してくれ」と言い続けてきてくれた。

そんなプロセスを経て、ビルマニの私に対する態度と、バサンに対する態度は徐々に変化していった。おそらく彼は、バサンを国から追い出せばスムーズに自分たちにとっていい条件でビジネスが進むと思っていたのだろう。バサンが邪魔だったのだ。

私だけであれば、簡単に操れると思ったのだろう。そして、邪魔者を追い出すために自分の工員まで使っていたのか！

そして、事実、信じていた工員が一緒にやってきた仲間を脅迫していた……。

ビルマニの指示とはいえ、脅迫するような人間を、私は心から信じ、そして、可能性をどうにか開花させてあげたいと思っていたなんて……。

どこまで私は馬鹿なのだろうか。

何が可能性だ。何が信頼だ。何が夢の共有だ。

壁にもたれかかって、動けずにいた。

自分自身が歩み、信じてきた道はただの偽りで、そのまわりにいる人間たちもすべてが偽りで、もう何もかもが偽りの世界なんだ。

夕方になり、バサンがインドから手配したらしく、旅行会社のサントスを通じてインド行きのチケットがホテルに届けられた。

私は翌日の朝、カトマンズ空港からデリーに向かった。

空港で待っている時間も、ただただこのネパールの地で私が行ったことは間違いだったのか、そして、これからどうやって生き、人間とどのように接したらいいのかを考えていた。

ものすごい葛藤を抱え、私は空港からビルマニのケータイに電話をした。

「私は今から飛行機に乗ってこの国を発ちます。

今日の話し合いも、そして、これからのことも、すべてが終わりました。ビルマニさん、短い時間だったけれど、ありがとう」

私は声を震わせながら、やっとの思いでそう言った。

「空港!?　どういうことだ？　今日も話し合いをするって言ったじゃないか」

彼は驚いた様子と強い口調でそう言った。

その彼の態度、口調に、私は理性を抑えるのを難しく感じた。

彼は続けた。

「なんでエリコが国を離れなきゃいけないんだ！」

私は抑えたものが込み上げて、一言言った。

「You should ask your sample master!（あなたのサンプルマスターに聞けばいいじゃないか！）」

彼はそれから沈黙を続け、

「Ok, good bye.」

とぶっきらぼうに言い、電話を切った。

それからすぐに、彼の息子から電話が鳴った。

「今空港なんだって!?　引き返してきてくれよ。何かの勘違いだよ」

「勘違い？

ふざけないでほしい。私がどんな気持ちでこの地に来て、どんな思いであなたの工場であなたの工員たちと共に仕事し……どんな夢を描いていたかなんて、あなたに分かるはずがない！」

気がつくと私の怒鳴り声に、空港の待合室にいた人たちは私を怪訝《けげん》そうに見つめていた。

私には何もすることができないのだろうか。こうやって裏切り、脅迫行為、すべての汚い物事が、渦のように大きくうねりながら、この途上国のビジネスを支配している。私もその渦に巻き込まれ、夢や信念までもが粉々にされている。

きっと、これまでも誰かが同じような思いで、この地を去ったのかもしれない。

ふと、そう思った時に、私は極度の眠気に襲われ、起きたときにはすでにデリーに到着していた。

再生のためのインド

デリーには、バサンが迎えに来てくれていた。

最後に彼を見たときとは明らかに違い、落ち着いた感じだった。

「やぁ、バサン」

「やぁ」

2人ともそれ以上の会話は必要なく、沈黙とともに車で空港からデリー市内に向かった。

その日はビジネスホテルに泊まった。
2、3日滞在するのか、1週間なのか、この後は日本に帰るのか、はたまたネパールに再び行くのか、まったく何も決まっていなかった。
「せっかくインドに来たんだから、将来インドで何かやるために、いろいろと見たらどうだい。気晴らしにもなるからさ。きっと」

バサンはそんなふうに言ってくれた。

「うん。そうだね」

しかし何もする気が起きなかったので、ものすごい眠気が襲うままに昏々と眠りについた。

朝起きても何をするわけでもなく、ホテルの椅子に腰かけてはいろいろなことを考えていた。

その時期、日本では外部のアドバイザーを呼んだ戦略会議が開かれていた。私たちには、外部のビジネス経験豊富な株主の方が何人かいる。みなさんに、ネパールでの失敗と経緯を私の代わりに説明しなければならない山崎がいた。

「だから言っただろう。バングラデシュという一国集中のリスクを回避するために2ヵ国目に行って、さらに大きなリスクを抱えるなんて間違っている」

アドバイザーの一人にそう言われた。

しかし山崎は、年齢が30歳ほども年上の人に言った。

「そうだと思います。けれども、これは単純な失敗だとは受け止めていないんです。僕たちにとっては通過点だったのかもしれない。僕たちはこれで学んだんだ。このあとどう動くかなんだと思うんです。僕は山口を信じている」

そして、入谷、戸越、新宿、福岡でお店を守るスタッフたちが、必死に今日も働いてくれている。

新宿店スタッフの2009年7月16日のブログには、

「私ができることはただ一つ。〝日本側は大丈夫だ〟と安心して山口たちが現地で打ち込めるように店舗を守ること」

と書かれていた。

私は一人じゃないんだぁ。

みんながみんな、それぞれに日々の人生で辛いことがあり、苦しいことがあり、それでもみんな一生懸命生きていて、そんな中でも、私のことをここまで思ってくれている。

なかでも、一番心に浮かぶのは、日本にいる、純粋に私を応援してくれているファンのみんなだった。私の生き方を、自分の人生の支えや指針にしてくれているたくさんの人たち。

この数日間は、詳しい近況をまったく書きこめていなかったが、ブログを見ると、本当にたくさんの人たちから、多い時は50件を超える応援メッセージが書かれていた。

「何があってもマザーハウスを、山口さんを応援し続けます」

「どんなに時間がかかっても、待っています」

「私の方こそ、いつもあなたに救われています」

「なかなか仕事がうまくいかないとき、ブログを見て励まされています」

「コメントすることでしか、絵理子さんを支えられないのを歯がゆく思いますが、これからも応援しています」

ホテルで読み返すたびに、涙が出てきた。

講演会、店舗、イベント、会う人たちからもらうエネルギーは山ほどあって、一方で私は一体何をみんなに返せているんだろうといつも思っていた。

しかし、こんな苦しい状況でこそ、いつもみんなからもらっているエネルギーを使う、いまがその時なんじゃないかと、ふと思った。

誰しも一人では前進できない時があり、一人では壊せない壁がある。

しかし、2人だったら進める一歩があり、10人だったらその一歩を楽しめ、100

ラトナ工場のみんなのことを思うと負けるわけにはいかない

人だったら道にあるハードルを乗り越えられて、1000人だったら、もしかしたらよりよい道を見つけ出せるかもしれない。

何もかもが無意味に思えた私に、ネガティブな領域を突き抜ける出口を示してくれているような感覚だった。


これまで、マザーハウス＝自分自身だった。

自分の夢を追い続けたら会社ができ、組織ができていた。だから、これまではいつも自分自身の夢のために頑張ってきた。

しかし、今は自分自身のために立ち上がろうという気持ちではなく、たくさんの応援してくれる人、マザーハウスを支える多くの人たちのために、もう一度立ち上がろうと思えたのだった。

（ネパールのプロジェクト、ここで断念するわけにはいかないんだ）

そう心に決めた瞬間、初めてさまざまな状況、リスク、打開策を考えられるようになった。

どうしたらいいんだろう。

ネパールの状況を考えると、すぐ戻ってアクションを起こすのは相当な危険が伴う。

しかし、ネパールのラトナの生地工場だけは、何としても守らなければならない。今この瞬間も、私たちのために工場の100パーセントに近い生産能力が割かれている。ここで生産を止めたら、工場は数ヵ月前と同じく閉鎖に陥ってしまう。

ビルマニの工場があるカトマンズで自前工場をやるのはリスクがある。一方で、自前工場を農村地域に建設するとなると、少なくとも半年は必要だし、そうしたエリアはマオイストが勢力を持っており、別の意味でのリスクが大きい。

考えても結論を出せずにいた。

次の日、バサンが

「どうせインドにいるなら、バッグの工場を案内するよ。何かのヒントになるかもしれないし」

と私を外に誘ってくれた。

歩き続けるための選択

デリーから少し離れたグルガオンという地区に、そのバッグ工場はあった。

工場はとても大きく、また、きれいだった。

生産の様子を見て、

「本来なら、今頃はカトマンズで生産が始まっていたはずなのに……」

そう思うと、再び涙が出そうになったが、何とか笑顔で工場を後にした。

ホテルに戻って、どうしたらいいか考えた。

そして、翌日再びバサンと会った。生産現場を知り尽くした彼も、同じく本当に辛い状況の中にいた。

「あらゆる選択肢を考えよう。例えば、ネパールから生地を持ち込んでインドで作ることだって考えられる……」

私は自分でそう言って、自分の言葉に驚いてしまった。

もしかしたら潜在的にずっとそう思っていたのかもしれないが、意識の上では、そんな選択肢を思い浮かべたことはなかった。「あらゆる」という言葉を表現するために口にしただけで、自分の中ではタブーに近い選択肢だったのだと思う。

しかし、自分で口にしてみて、なぜタブーに近いと思い込んでいたのかを考えてみることにした。

それはマザーハウスのビジネスモデル。

バングラデシュの素材を使い、バングラデシュで製造し、「Made in Bangladesh」というタグをつける。それがこれまでの道のりだったし、ネパールでもそうだろうと完全に思いつづけてきた。

しかし、今の状況を打開するために、ネパールで生地を作り、インドでバッグを生産することは、プロジェクト全体をストップさせるよりも絶対にいいはずだと思った。

ベストな選択肢ではないが、会社にとって、そして何より、最終的に商品を手にするお客様にとって、生産設備や、工員たちへのトレーニングが不十分なままでの見切り発車でできた商品よりも、満足のいくレベルのものができると確信した。

私が固執しなければならないのは哲学であり、その領域においてはビジネスとしてベターな選択肢をとっていく。そして、何がベターかどうかを判断するのは私ではなく、お客様だ。

「Made in Nepal」ではないからマザーハウスではない、と言うお客様がいたら、それは仕方がない。

けれど、私はそんなマザーハウスのお客様に恥じない意思決定だと思っていて、それを理解してくれることに賭けて、さらによいモノを作るために全精力を注ぎ込もう。それが、この状況下で私の出した答えだった。

山崎に相談した。

「現状を考えれば苦渋の選択ではあるけれど、ラトナの工場だけは死守しなきゃいけない。お客様のためにいいものを作るっていうことが、一番大事なところじゃないか」

次の日、前日行った工場について、バサンと話し合った。

私はこの点についてはバサンを信じることにした。インドには、数百のバッグ工場がある。その中でベストな工場を見つけることもできるが、インドで10年以上やってきた彼が選ぶ工場を私は信じようと思った。バングラデシュで起業した当時、現地ディレクターとして協力してくれたアティフがベテラン職人のソエルを紹介してくれたように。求める人たちのニーズは現地人にしか分からないように、現地人の情報と感覚は、いつでも外国人である私のそれよりも正しい。そのことはバングラデシュで証明されていた。

バサンが連れて行ってくれた工場について、バサンに聞いた。

「生産においてトラブルがない工場はない。技術レベルで言えば、彼の工場よりもずっといい工場はいくつかある。規模も彼の工場は中程度だ。けれど、一番大事なのは人間がグリーディー（欲張り）かクリーン（正直）か。エリコを最初に彼に会わせたのは、人間としてクリーンだから、それだけだ」

それが彼の回答だった。

「工場のオーナーのサイガルさんと今日話をしてみてくれないか」

「分かった」

この日の夜、バサンとサイガルさんは話し合いを持ち、品質基準、モノの作りがまったく異なるマザーハウスに、限定された工員たちを配置し、別部隊として生産をさせることを約束してくれた。

それもサイガルさんが、過去にバサンによって何度も救われた経験があったからできたことだった。

翌日、私とバサンで再び彼の工場に行った。前日の話し合いをなぞるように確かめ合いながら、想定されるロットや取引条件などを詰めた。そして、最終的に山崎を日本から呼び、相性を確かめ、仕事を共にすることになった。

サイガルさんの工場でサンプル作製が再び始まった。

ずっと開けていなかったスケッチブックを開けた時、涙が出た。いいものを作りたい、そう思いながらも、ずっとバッグのことを考える余裕なんてゼロだった。しかし、今こうしてテーブルの前でスケッチブックを広げて鉛筆を持てることに、最高の喜びを感じた。

私はできる限りの集中力を持って、再サンプル作製にとりかかった。

7月28日。全18型のバッグのラフサンプルが完成。

7月31日。小物6型のラフサンプルが完成。

ネパールの商品を2009年9月19日にオープンする大阪店と、改装した入谷店で披露することが決まった。

しかし、度重なるデザインの修正で、インドでは予定よりもすべてが遅れて進んでいた。

「間に合うかどうか本当に分からない。最悪のシナリオを考えないといけない」

山崎と相談しながら、間に合わない場合は省く型を決め、数回に分けた輸出を検討した。日々工場に行き、1型ずつデザインをファイナルにし、できたものから生産フロアに流していった。

さらにネパール・カトマンズでは、100パーセントシルクのスカーフとストールが、ラトナの生地工場で1枚1枚作られている。それらは、ネパールで取れるシルクを使っていて、とても温かい。ネパールからインドに輸出し、ともに段ボールに入れ、日本へ輸出するというプロセスだ。

インドの工場でやり直すことを決めたとき、デザインの大幅な修正をするかどうか、とても迷った。しかし、デザインの良し悪しの議論以前に、自分自身の心の中を整理するため、まっさらなスケッチブックから再び始めようと思った。

そして、前進していることを、デザインの上で証明したい。

そんな一心で鉛筆を走らせていた。

結果、以前よりもずっといいものが仕上げられたと思う。

8月21日。バッグ18型のファイナルサンプルが日本に到着。

8月26日。すべてのファイナルサンプルをもって、プレス向け展示会開催。

そして、来たる9月19日。

移転改装された入谷本店、さらに9月23日には小田急百貨店新宿店のバングラデシュ製のバッグの店舗の隣にネパール製のバッグの店舗がオープンする。

念願だった2ヵ国目の商品のブランド名はネパール語でマザーハウスを示す「Maitighar（マイティガル）」。

夢は実現する。

実現するまで歩き続ける限り。

エピローグ　Keep Walking

「起業をめざす人や、社会起業家になりたい人たちに対して、何かメッセージを書き加えてもらえませんか」

この本の原稿のたたき台を講談社に送ると、担当編集者の依田則子さんから、こんな返事をもらった。

私は当初起業するなんて思ってなかったため、起業家とはどういう人のことを言うのかまったく分からなかった。

しかし、現時点で思うのは、起業した者は戦い続け、成長を求め続けるならば満足なんてどこにもどんな時にも存在しないということ。

そして、そのプロセスは非常にストレスが多く、心が休まる時間なんてないに等しい。

常に孤独を感じながら、自分自身にしか見えない、確実にあるハードルやチャンスを意識し、先陣を切ってマーケットを創っていかなければならない。その過程で私たちのようなベンチャーは、ガリバーのような巨大な競争相手とがっぷり四つにならず、常に瀬戸際のハイリスクを取りながら、キャッシュを回し、人を見つけ育て、成長スピードとアクションのスピードの両方で戦っていく。

さまざまな場所で講演をさせていただいていると、実は日本でもかなりの数の人が、起業を目指していることに驚く。女性もとても多い。どうしてこんな辛いことを自らやりたいと思うのだろうか、と私なんかは不思議に思ってしまうのだが、ものすごくいいことだと思うし、そういう人たちを私は尊敬する。ただ、一方で「ファッション」として起業をとらえている風潮もないわけではない。

「起業して何をしたいの？」

と聞くと、

「それはまだ決めていないけれど、とにかく起業したいんです」

と答える学生がとても多い。

少し理解に苦しむ。

「代表取締役」という肩書に憧れるのか、組織に所属したくないのか分からないが、これでは本末転倒だと思う。

私は、社長なんて肩書はいつでも捨てられる。そんなものは、別にあってもなくても、今と同じ選択をしているだろうと思うからだ。

私にとっては起業も社長もまったく関係なく、ただただ良いものを途上国から作りたかった。本当にそれだけなのだ。それさえさせてくれれば、どんな会社だって、どんな待遇だって構わない。それくらい、私はこのビジネスの中身にすべてを捧げている。

そして、起業して何をしたいか、ということが決まっていない状態では、絶対にビジネスは継続できないと思う。そこまで簡単なものではないだろうな、と短い経験の中でもたくさんの人や物事から学ばせてもらった。

0から1を立ち上げるには、強い信念が必要であると同時に、それを継続するには、一種の自分自身へのマインドマネージメントが必要だと思う。必ずうまくいくんだ、とひたすらイメージする。

このエピローグを書いている私は、今ネパールにいるが、毎晩毎晩、ネパールの商品がお客様の前で発表になる、まさにその舞台に立っている自分自身をイメージしている。

いつもかたわらには、途上国のイメージをくつがえす、色とりどりのバッグ、帽子、小さなトルソーにはシルクのスカーフが何色も揺れている。

そして、お客様から聞こえる驚きの声。その声をネパールの工場のみんなに届けたいと思い、私の想像は終わる。

こんなイメージを毎晩のように思いめぐらせているのだ。意識してやっているわけではなく、音楽などを聴いていると、いつもこのシーンだけが私の頭に浮かんでくる。

全身全霊でこのプロジェクトを成功させるんだという気持ちが心理的な作用を引き起こしているからである。ちょうど、高校時代、柔道場の畳の上で、思い描いたような動きができる自分自身をイメージしている時のように。


人生は、思うようにしか、進まない。

ここまで自分の生活を変えるビジネスを生業《なりわい》にするのであれば、やはり相応の自分軸が必要になる。だからこそ、相当の覚悟を持った方がいいとは言いたい。

ただ一方で、自分自身を振り返れば、起業当初こんなふうに考えていたとはまったく言えない。ビジネスをする中で自分自身を成長させてもらった。だから、誰にでも可能性は強くあるということも付け加えたい。

この本が出版される頃には、私は28歳になっている。

この28年間、若造だと何度もビジネスの世界では言われたが、私なりには納得のいく人生を歩いてこられたと思っている。

小学校のいじめから始まり、中学の非行、高校の柔道、大学での開発学との出会いとバングラデシュとの出会い、そして、マザーハウス設立、バングラデシュからネパールへ、という流れの中で、その都度、自分自身の考えを固め、それに従って選択をしてきたように思うが、一方で、それらはいつもあらかじめ決められた道だったようにも感じる。

バングラデシュの子どもたちにスクールバッグをあげるなんて、いじめられっ子だった頃の私には、まったく想像できなかった。

援助ではなく、ビジネスとしてバッグを作るなんて、ワシントンの国際機関にいた頃の私には、まったく思いもつかなかった。

人生は本当に不思議だなあとつくづく思う。

その過程で多くの人に出会い、多くの人から刺激をもらい、多くの人に成長させてもらった。

工場を追い出されたとき、本当にもうダメだと思った。これまで何度も裏切られ、工場を後にするたびに、また振り出しだ、と思ってきた。

それでもまたゼロからやればいいさ、と最後には自分を励ましながら来たつもりだったが、同時に人間というものがどこまで信じられるのか、不信感を抱かずにはいられない自分がいて、それがものすごく恐怖だった。

私にとって恐怖とは、他人や環境に対して抱くものではなく、自分自身に対して抱くものだった。人間を信じられなくなるくらいだったら、こんなビジネスはやめた方がいいと本気で思ったこともあった。

しょせん、工場や機械なんて、時間とお金さえあれば取り戻せる。しかし、自分自身が一度壊れたら、取り戻せるかどうか自信がなかった。そんな中で渡された、工場を出て行けという一通の退去通達。私は心底怖いと思った。

そんな私を救ってくれたのは、ハシナがくれたピーナッツだった。

離れていく工員や、失うものがある一方で、彼女は気を落とす私を気遣って、ピーナッツを最高の笑顔とともにくれた。そして、困難を乗り越えて、現在も新しい工場で必死にバッグを作ってくれている。

このピーナッツは、歩き続ければ必ず道は拓けると私に教えてくれたのだ。

今こうしている時もネパールの商品のファイナルサンプルが4つできあがった。残った型番を仕上げ、ようやく生産に入る。随分と計画から遅れてしまったし、失ったものも大きい。

けれど、それでも作り続けているのは、起業したときとまったく同じ想い、「途上国の可能性を開花させたい」

その気持ちは変わらず、どんなに遠回りだろうが実現したい。そんな一心で毎日を過ごしている。

お客様に「え、これがネパールのバッグ?」と驚いてもらえるように。

その驚きの蓄積の先に、必ず「途上国」というイメージの転換が起きる。

『貧しい』とばかり思っていたけれど、じつは違う。付加価値のあるモノ作りができる人たちが、この地にもいるんだよ」

「この地でしか手に入らない素材や技術があるんだって」

そんな言葉の一つひとつが、マザーハウスのプロダクトを見て、知った人たちから生まれることを祈っている。

そして、安いものだけを求めにやってくる先進国のバイヤーの中にも、付加価値のあるものを求めに途上国にやってくる人たちが少しずつでも増えるように。

それが継続した先に経済構造の変化が起きると信じている。

何かを始めるのは本当に難しい。

けれど、始めたことを続けるのはもっと難しい。そして、「続ける」ことで生まれたものは、それを築くことに費やした年数や汗や涙と同じくらいの強さをもって継続すると信じたい。

私は歩き続ける。

この本が、読んでくださった方の「歩み」の力強さを少しでも増すものであることを祈って。

Let's Keep Walking！

２００９年９月　山口絵理子

ネパールの今——文庫版のあとがきにかえて

2015年4月、ネパールの大震災が起きました。

私たちは、地震発生後5日目に現地に飛び、支援活動を開始しました。その早さと、現場での迅速な救援物資の手配や住宅の復興支援に、これまでモノ作りを共にしてきた仲間からとても感謝され、私たちは更に絆を深めることができました。ただその支援に要したお金は、お客様の「ポイントカード」（ソーシャルポイントカードといって、私たちのお店ではポイントが貯まるとマザーハウスが行う社会貢献活動に一部相当額が使われる仕組みになっています）によるもの。ここで改めて御礼を言わせてください。

『裸でも生きる2 Keep Walking 私は歩き続ける』がこのたび文庫化されるということで、ネパールでの歩みの「その後」を皆さんにお伝えしようと思いました。

この『裸でも生きる2』では、ネパールでの大変なエピソードがてんこもりです。読んでくださった方から「その後どうなったの？」と、たくさんの質問をいただきました。その後、私たちは最終的に今、ネパールのカシミアやウールやリネンやシルクを使った「ストール」の生産に特化し、現地でのモノ作りを継続しています。

この本書でも書かれているバッグやお洋服など、ネパールで挑戦したことは山ほどありました。しかし、いま思えば、それらは私たちの想いがとても先行していて、現場の強みやモノ作りとしての現実的な話が何も伴っていないものでした。

最終的に、本当にネパールでしかできないもの、ネパールならではの素材、作り方、生産パートナーの強み、それらと日本のお店のスタッフが吸い上げてくれるお客様の声とを紐《ひも》づけた時に、シンプルに「ストール」の温もりがネパールから届けられることだと思ったのでした。

逆に、見えてきたその強みを、もっともっと縦方向に深化させようと、日本サイドではストールチームを発足。商品も1点1点手で染めたグラデーションのものや、草木で染めたナチュラルなもの、そして最高級のカシミアや、夏はリネンでカラフルなものなど、その中でのバリエーションを広げていきました。

徐々に種類が豊富になっていくストールは、見た目にもカラフルで、店舗やブランドにとって売り上げだけではない貢献がたくさんありました。

「バッグだけじゃないのね」というお客様の声は、私には「バングラデシュだけじゃないのね」と同じように聞こえて、一ヵ国でも多くの国の可能性を形として表現したかった私たちの、次の歩みをようやくスタートできたと実感しています。

現地の工場での生産量も徐々に増え、ネパール事業は数年前から黒字化し、一昨年には、サリナというネパールのスタッフがバングラデシュの自社工場を訪れ、研修も行いました。

この本に書かれている通り、一筋縄ではいかなかったネパールですが、いま思えば最高の勉強でした。

私自身の国に対する理解や、文化に対する配慮が足りなかった面、想いとビジネスのバランスを欠いていたこと、そもそもネパールに適した「モノ作り」の方法、それらが全く見えていませんでした。もちろん今でも試行錯誤ですが、当時は夢中になるあまりに俯瞰しきれていなかった自分が原因で起こした多くの失敗がありました。

ただ、だからこそ今、共に歩んでいるネパールのパートナーのみんなの大切さと、出会えたことへの感謝はとても言葉では伝えきれません。

尊敬できる仲間との出会いにより、ネパールにいく飛行機は「恐怖心」から「楽しみ」へと変化していきました。


そんな光が見えてきた時の地震発生だったので、案ずる想いとともに、「また振り出しに戻るのか」と一瞬思ってしまいました。


けれど、復興支援にかけつけた私たちと共に必死に自国のために働くスタッフがいて、またここで、絆が深くなったのでした。

何事も楽しい時を共にするのはとても簡単ですが、人間は苦しい時にこそ本質が見えるように思います。逃げたくなる時、大変な状況の時、ピンチに立たされた時、近くに寄り添ってくれた仲間達がいたので、今があります。私たちも現地のみんなにとって、そんなパートナーであり続けたいと心から思います。

ネパールのスタッフ・サリナの夢は、日本に来ること。日本語の勉強を学生時代から今でも続けています。

いつか彼女が日本に来たら、お店を見せてあげたい。ネパールからもヒーロー、ヒロインが生まれるように、歩みを続けていきたいと思います。

２０１５年11月　山口絵理子

本作品は２００９年９月に小社より刊行されました。
本文中の年齢、肩書、地名、為替レートなどは執筆当時のものです。

山口絵理子―1981年埼玉県生まれ。慶應義塾大学総合政策学部卒業、バングラデシュBRAC大学院開発学部修士課程修了。大学のインターン時代、ワシントンの国際機関で途上国援助の矛盾を感じ、当時アジア最貧国バングラデシュに渡り日本人初の大学院生になる。「必要なのは施しではなく先進国との対等な経済活動」という考えで23歳で起業を決意。「途上国から世界に通用するブランドをつくる」という理念を掲げ、株式会社マザーハウスを設立。バングラデシュやネパールの自社工場・工房でジュート（麻）やレザーのバッグ、ストールなどのデザイン・生産を行い、2017年現在、日本、台湾、香港で32店舗を展開している。また、新たにインドネシアとスリランカで生産したジュエリーの販売を開始。毎日放送『情熱大陸』などに出演。著書に『裸でも生きる　25歳女性起業家の号泣戦記』『自分思考』『輝ける場所を探して　裸でも生きる3　ダッカからジョグジャ、そしてコロンボへ』（すべて講談社）。

講談社+α文庫　裸《はだか》でも生《い》きる2
――Keep Walking 私は歩き続ける
山口《やまぐち》絵《え》理《り》子《こ》

2015年11月19日第1刷発行
2017年12月25日第2刷発行

発行者――――鈴木　哲
発行所――――株式会社　講談社
東京都文京区音羽2-12-21　〒112-8001
電話　出版(03)5395-3522
販売(03)5395-4415
業務(03)5395-3615

デザイン―――鈴木成一デザイン室
カバー印刷――凸版印刷株式会社
印刷――――――慶昌堂印刷株式会社
製本――――――株式会社国宝社

落丁本・乱丁本は購入書店名を明記のうえ、小社業務あてにお送りください。
送料は小社負担にてお取り替えします。
なお、この本の内容についてのお問い合わせは
第一事業局企画部「＋α文庫」あてにお願いいたします。
Printed in Japan ISBN978-4-06-281633-5
定価はカバーに表示してあります。

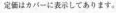